MANI FEST AÇÃO

APRENDA A MANIFESTAR SEUS DESEJOS

COM O COACHING E A LEI DA ATRAÇÃO

Capa: Diego Sisnandes
Diagramação: Priscila Noberto
Revisão: Mayumi Tadokoro

1º edição

Agência Brasileira do ISBN
ISBN 978-65-80361-00-7
9 786580 361007

Conecte-se comigo!

Instagram: @mariohmeireles
E-mail: mariohmeireles@gmail.com

Conheça outros livros, cursos e produtos em:
www.mariomeireles.com.br

INSTITUTO
LIFE COACHING

SUMÁRIO

AGRADECIMENTOS

A Gratidão é, como você já deve ter ouvido por aí (e ouvirá mais vezes ao longo deste livro), uma das forças mais poderosas do Universo.

Entraremos em um mundo obscuro, pouco compreendido e que beira o místico. Alguns acreditam que ele é sobrenatural, ou seja, acima do normal, acima do comum e natural.

Queremos desmistificar isso e mostrar que TUDO o que acontece na nossa vida diária é normal para o Universo. Não existem milagres impossíveis nem mesmo acontecimentos que ele não possa realizar.

O sobrenatural é natural para o Universo e para sua inteligência maior.

Acreditar nisso é o que permite que eu escreva estas palavras, na certeza de que um dia você as estará lendo. Ainda que nosso encontro pudesse ser considerado pouco provável ou quase "impossível".

Tudo é orquestrado pela nossa vibração. Nossa energia é o que molda o Universo para a realidade que almejamos e, em sua inteligência, ele consegue atender a todos nós.

É neste ponto que entra a gratidão. A gratidão tem o poder de refinar e elevar essa vibração. Sendo assim, começamos este livro com ela. Já elevando as nossas vibrações, minhas e suas, pois sou grato a você por, carinhosamente, me segurar em suas mãos enquanto criamos juntos uma vida melhor para você, para mim e para todos ao nosso redor.

Gratidão imensa. Nos Vemos No Topo, Mario

PRIMEIROS PASSOS

O Universo tem leis. Suas regras são claras e bem definidas. Existem leis tão claras na natureza, que é possível determinar, com a precisão de segundos, o tempo em que um eclipse solar vai se realizar no próximo século! É impressionante! No nosso dia a dia, utilizamos e aplicamos inúmeras leis da natureza. Isso é poderoso!

Claro, ainda há muito o que aprender. Tome em conta a gravidade, por exemplo. Até o momento em que este livro foi escrito, nós conseguimos entender seu efeito. Sabemos como ela afeta o espaço-tempo, como ela tem a capacidade de deformá-lo a ponto de desviar a luz, de contrair ou expandir o tempo, de afetar o comportamento de corpos no espaço. Sabemos muito sobre seus efeitos.

Suas causas e origem, entretanto, são desconhecidas (pelo menos até o ano de escrita deste livro). Há anos, o homem segue em busca dessas respostas. Construímos as maiores máquinas do mundo nessa busca, aceleradores de partículas para vasculhar o mundo invisível, subatômico. O limiar entre a matéria e a energia.

Algumas leis que trataremos neste livro, serão exatamente como a Gravidade. Entendemos os seus efeitos, mas o seu funcionamento ainda é desconhecido. E isso, meu caro amigo, é uma condição momentânea a ser aceita, quase contra a nossa curiosidade intrínseca natural.

O ser humano é assim, queremos entender tudo. Queremos explicar. Somos curiosos por natureza e, para muitos, **viver em um mundo sem entender o que acontece é uma forma de sofrimento.**

Nossa necessidade de entendimento é fruto da nossa necessidade de querer controlar, prever, determinar e organizar as coisas. Queremos saber exatamente o que acontecerá a partir de cada ação nossa.

Isso, meu amigo leitor, é impossível. Vivemos em um mundo rico em possibilidades. Uma decisão sua, uma ação sua, como sair ou não de casa, afeta o mundo inteiro em uma sucessão de desdobramentos intermináveis.

Eu tenho muita fé na humanidade. Nossa curiosidade nos levará muito longe. Entenderemos todas as leis universais. Saberemos como funcionam e escreveremos equações que determinarão seu funcionamento e comportamento. Somos ótimos nisso.

O que continuará em aberto será sempre a MOTIVAÇÃO. O porquê da natureza agir desta forma. Temos leis naturais, certo, mas por que será que elas existem? O que motiva tudo isso? Por que existe um Universo? Por que existimos?

Essas perguntas, por anos, tocam os corações dos pensadores e filósofos. Cientistas e religiosos buscam explicar e esclarecer o que causou o Universo e o porquê de estarmos aqui.

Tais questões, talvez, demoraremos muitos anos para entender, se é que, um dia, seremos capazes de compreender e responder.

Parto do princípio de que, na vida diária, não precisamos entender as leis para utilizá-las. Não é necessário eu entender sobre a relatividade (apesar de tê-la estudado na faculdade) para utilizar o GPS em meu celular. Ou mesmo entender sobre as leis do eletromagnetismo para usar meu computador, escrever este livro e comunicar-me com você neste momento.

Posso entender as leis, mas o tempo gasto neste entendimento é um tempo desperdiçado no uso prático delas. Ou investimos nosso tempo entendendo e buscando respostas, matando essa nossa curiosidade interna, ou investimos nosso tempo usando-as de maneira prática e fazendo o que devemos fazer: VIVER! Afinal, é para isso que recebemos a vida de presente, não é óbvio?

Partindo dessa premissa, meu caro leitor, eu ouso dizer que nós estamos aqui para conhecer as regras do jogo e usá-las para nossa felicidade e a felicidade de todos ao nosso redor.

Jogue conforme as regras, conheça-as a fundo e aí, todo o Universo – e seus infinitos recursos – trabalharão com você em suas criações.

E se eu posso com certeza afirmar algo, é que este Universo é fiel às suas próprias leis. Ele é infalível, nunca erra, nunca esquece e nunca se contradiz.

Crie à vontade!

Dentro das Leis, você pode tudo!

Seja bem-vindo.

Um grande abraço, com amor, sempre,

Mario Henrique Meireles

Lucerna – Suíça – Janeiro 2017

A IMPORTÂNCIA DESTE LIVRO

Eu sempre quis um livro assim. Prático como um guia. Um manual que explicasse como associar o *Coaching*, que é, ao meu ver, a técnica mais eficiente de foco e empoderamento pessoal, e a ciência por detrás desta técnica, para assim aplicar na prática a lei mais poderosa do Universo criativo individual: a Lei da Atração.

A Lei da Atração é daquelas, como muitas das leis universais, de difícil compreensão. Não entendemos o porquê do seu funcionamento ou, como disse na introdução, das suas motivações (porquê do Universo operar desta maneira). Apenas conseguimos, assim como a gravidade, conhecê-la, reconhecê-la como INEVITÁVEL e aplicá-la.

Nota do autor:

A Lei da atração é uma lei empírica. Provada por meio da prática. Você aplica e observa os resultados. Quase como a gravidade que, como eu disse anteriormente, não sabemos ainda explicar. Porém, você consegue provar que se soltar algo, este algo cairá em seus pés. É ***por meio da observação que se prova a Lei da Atração.*** *Essa afirmação é muito poderosa para abrir a sua mente para a execução do passo a passo proposto. Se você quiser provas antes de aplicar, não acontecerá! É justamente o contrário!* ***Provas aparecerão após a aplicação,*** *por isso a dificuldade. A APLICAÇÃO tem como um dos ingredientes a crença de que ela funciona.*

A aplicação, em contrapartida, é simples e prática. Por isso, com o uso do *Coaching*, esta aplicação pode ser ampliada e potencializada a níveis altíssimos.

Darei alguns *insights* sobre a Lei da Atração, explicarei algumas premissas para que você entenda e (aqui peço um esforço de sua parte) **acredite nela**. Nós seguiremos um processo passo a passo durante alguns dias e, sem dúvidas, colocaremos sua vida em uma nova direção.

Seremos breves. O objetivo é aplicar, não entender e explicar. Muitos livros querem explicar e gastam páginas e toneladas de papel para isso. Não aqui.

Experimente! Faça um pacto comigo de acreditar neste processo por 30 dias. Faremos deles, os seus melhores 30 dias. Na pior das hipóteses, nós sairemos mais focados, disciplinados, organizados e metódicos. Você sairá fortalecido. Você sairá poderoso. Você sairá maior e melhor.

Simples assim! Aliás, prometo que continuaremos nesta simplicidade até o final.

Fazendo um antes e depois, poderemos avaliar os benefícios do processo e isso reforçará a sua crença e motivação para continuar por mais tempo, até que a rotina se torne permanente.

Estes 30 dias serão inesquecíveis para você. As pessoas ao seu redor acharão você diferente, talvez até estranho, mas, logo elas se adaptarão ao novo você e, te asseguro, será para o bem delas, inclusive. Você mais focado e realizado fará bem a todos os que cruzarem o seu caminho.

Tudo ao seu redor crescerá e se transformará.

Acredite.

Se você fizer a sua parte, serão 30 dias incríveis que mudarão por completo a sua vida.

Eu acredito!

Vamos juntos.

Nos vemos no topo.

Parte 1

Premissas e Fundamentos Básicos.

A Lei da Atração

A Lei da Atração, famosa graças ao filme O SEGREDO, teve sua divulgação massificada há muitos anos com o trabalho de Jerry e Esther Hicks. Ela, médium, trouxe este conhecimento por meio de uma entidade espiritual, por ela denominada Abraham.

A Lei da Atração, em termos práticos, diz que você atrai e cria **todos os eventos** da sua realidade. A isso chamaremos de Autorresponsabilidade. Você é o centro da sua criação individual e nada, nem ninguém, pode influenciar a sua criação sem a sua permissão e sua, evidente, **co-criação** (este termo é outro termo muito importante em nosso trabalho).

O poder dela está na simplicidade e na força que ela devolve ao indivíduo como criador de todos os eventos que acontecerão na realidade dele.

Céticos questionam a lei. Eles se apoiam em suas "evidências" ou seus achismos, dizendo coisas como: *"Eu não queria bater o carro, como foi que atraí isso para mim?"*. Esses argumentos são muito superficiais, dignos de quem não entende REALMENTE a Lei da Atração.

Em nenhuma premissa da lei você verá que você atrai o que quer, **você atrai o que está em sua vibração.** Se a batida do carro estiver nela, você a atrairá. O que estudaremos neste livro, são os aspectos que "colocam" coisas em sua vibração, tais como: medo, gratidão, visualizações, crenças, pensamentos, emoções em geral, etc.

Sua vibração final, ou Ponto de Atração, é um conjunto de todos esses aspectos.

Basicamente, é como se ela fosse o resultado final de um

monte de coisas e **a vibração resultante fosse a responsável por atrair a realidade correspondente.**

Você deve conhecer pessoas que têm um discurso do tipo *"tudo acontece com facilidade para os outros! Já comigo, a vida é sempre luta, dificuldade e muito suor"*. Exatamente. A Lei está operando aí. Trazendo a vida que você acredita que tem. *"Mas Mario, é verdade, você não conhece a minha vida. Ela é exatamente assim!"*. Sim, eu tenho certeza de que ela é. Eu acredito 100% na Lei. Ela não falha.

Se você diz que ela é exatamente assim, o Universo é obrigado a te obedecer. Talvez você, no fundo, não acredite que tem esse poder todo.

Se você diz que *"com você a vida é sempre luta, dificuldade e suor"*, o Universo responde com aquilo que você mesmo manda. **Você é o chefe. Se você diz que a vida é isso, ela será.**

(Fique tranquilo, teremos um processo, na parte II do livro, para mudarmos esses seus padrões).

É muito difícil lidar com tamanha responsabilidade. Somos tão mimados, que preferimos que alguém faça as coisas por nós. As pessoas não sabem como lidar com todo esse Universo de possibilidades e total liberdade de escolha. É uma responsabilidade tremenda!

Você percebe o poder que tem nas mãos? É assustador! Junto com esse poder, vem uma responsabilidade igualmente enorme. É desta responsabilidade que as pessoas fogem e, consciente ou inconscientemente, deixam de criar suas próprias realidades.

Tudo, literalmente, se molda para que você esteja certo dentro do seu universo particular. Outras pessoas têm realidades completamente diferentes, porque têm vibrações completamente diferentes. Simples assim.

Entenda isso! Por favor!

Você pode não acreditar e dizer *"Isso não funciona"* e, como a lei não liga para as suas opiniões, mas sim pra a sua vibração, ela continua funcionando. Logo, você pode ter certeza de que ela não funcionará para você. Afinal, você disse que ela não funciona.

Paradoxalmente, caso seja este o seu caso, o fato de a Lei não funcionar é mais uma prova de que ela funciona!

Ela sempre funciona. É infalível.

Leia os dois parágrafos anteriores quantas vezes forem necessárias até que você os compreenda.

AQUELES QUE NÃO ACREDITAM EM MÁGICA
SÃO INCAPAZES DE VÊ-LA.

Não há como refutá-la. Se você diz que funciona, ela funciona. Se você diz que ela não funciona, ela funciona também, porém, neste segundo caso, o resultado é que você não a utiliza de forma inteligente a seu favor.

Mas ela sempre responderá de forma precisa e eficiente.

Lembre-se disso: VOCÊ NÃO É ESPECIAL, AS REGRAS UNIVERSAIS QUE VALEM PARA UMA PESSOA VALEM PARA TODAS AS PESSOAS.

Falo isso, deste jeito, para que você seja humilde e entenda que as leis são as mesmas para todos nós.

Inclusive, algo interessante a ser observado é que dezenas de filosofias e religiões divergem em inúmeros pontos, menos na questão da atração. Algumas utilizam a figura de Deus, outra do Universo, outra da Natureza, não importa.

Elas têm seus rituais próprios de como condicionar seu pensamento, imaginar, pedir, "entregar seu pedido" para que seja atendido. (Neste tema dos rituais, a segunda parte deste livro dará mais ênfase).

Todas as religiões convergem no sentido de que você tem um poder de mudar a sua vida. Um poder central, um poder chave e eficiente. Você tem total controle e poder. Aceite isso.

Talvez você esteja com dificuldade em aceitar isso. Eu entendo, passei por isso também. Todos passam quando se deparam com a Lei pela primeira vez. Mas descobri uma coisa interessante, **descobri que a resistência em aceitar esse pensamento surge, principalmente, nos indivíduos insatisfeitos com as próprias vidas.**

Afinal, perceber-se responsável e culpado por tudo o que aconteceu e acontece em sua vida, pode ser difícil de engolir ou até mesmo traumático.

Quase sempre queremos apontar outras pessoas: *"Culpa do meu ex-marido, da minha mãe, do meu chefe, da empresa em que trabalho, do meu pai que me abandonou, do governo... Eles deveriam todos ter me tratado e feito coisas diferentes! São uns canalhas!"*.

Mas, desculpe. Você é, sim, o único culpado!

Você é o responsável.

Calma, não desista do livro!

Somente assumindo essa responsabilidade é que você poderá assumir o controle da sua vida. Pare para pensar no que vou te perguntar:

SE TUDO O QUE ACONTECE PARA VOCÊ FOR DE RESPONSABILIDADE DE OUTRA PESSOA, QUEM É QUE SERÁ O RESPONSÁVEL PELO SEU SUCESSO? OUTRA PESSOA?

Se você acreditar nisso, ficará a vida inteira procurando ou esperando que outra pessoa faça as coisas que você deveria fazer para mudar a sua situação.

E, cá entre nós, as pessoas já estão muito ocupadas com as próprias vidas. Elas devem ter problemas e dificuldades iguais as suas em alguma área da vida delas. Então, não adianta manter este pensamento.

A realidade é que, enquanto você culpar os outros pela sua situação, você permanecerá nela – pela própria lei – e, te asseguro, sofrerá muito.

O primeiro passo para entender a Lei da Atração é exatamente este: entender que você é o criador, a fonte, o centro da sua própria realidade e que você PODE E DEVE fazer o que quiser com esse poder.

Assuma, aceite e receba esse poder. Sem ele, não há mudança!

Ele é seu por direito! Use-o com sabedoria.

A responsabilidade é sua.

PREMISSAS BÁSICAS DA LEI DA ATRAÇÃO

Muitos se confundem nesta parte. Existem religiões que pregam "A Palavra Tem Poder" ou outras que dizem "Tudo está na mente". Estão corretas, mas existem pontos que precisamos expandir o entendimento, faremos isso nestes próximos capítulos.

O Coaching usa muito a fisiologia – o conjunto de reações bioquímicas, emoções e sentimentos – para ajudar o seu cérebro a se "reprogramar". Mas por que esta preocupação com o cérebro? O que ele tem a ver?

Vamos entender alguns pontos fundamentais da Lei. Você vai entender também os motivos que fazem com que os treinadores *coaches* incentivem os participantes de seus cursos a pularem, rirem, gargalharem e utilizarem suas emoções para aumentarem os resultados.

Preste muita atenção a cada uma das premissas. Entendê-las, e aceitá-las, fará com que você coloque empenho e dedicação na segunda parte deste livro durante o nosso processo de 30 dias!

Vamos às premissas!

Premissa 1: O invisível manifesta o visível

Uma semente que é plantada gera uma árvore inteira, frutos e infinitas novas sementes.

A semente torna-se invisível, as raízes também.

Nelas, estão todas as informações que se tornam aparentes – árvore, tronco, folhas e frutos.

Essa premissa vale para tudo na natureza.

O invisível manifesta-se no visível e ambos são indissociáveis. São, ambos, "uma coisa só". Igualmente reais, parcialmente visíveis, porém.

Essa premissa vai além da causa e efeito. Não é apenas dizer que uma ação trará uma consequência, é consolidar esta ideia de tal maneira, a ponto de dizer que consequência e ação "são a mesma coisa", separadas, apenas, pela nossa percepção espaço-temporal.

Seu aparelho celular opera com sinais invisíveis. Sua televisão, o rádio, seu GPS, entre outros, também.

Existem forças invisíveis poderosas dentro de você.

Seu subconsciente é gerador de 90% das funções do seu organismo. Neste momento, você está digerindo alimentos, está respirando, seu sangue está circulando e muitas outras funções estão acontecendo.

No nível mental, dos pensamentos, sentimentos e emoções, o seu subconsciente também está trabalhando. Claro. Ele opera 24 horas por dia, até em seus sonhos.

Isso é de extrema importância para nós. Se algo vai trabalhar para nós, 24 horas por dia, sem que nós precisemos nos preocupar, é FUNDAMENTAL que este algo, no caso, **nosso subconsciente, trabalhe a nosso favor.**

É inteligente de nossa parte fazer com que esse instrumento trabalhe procurando o que desejamos. Que ele opere para levar-nos até nossos objetivos e até os lugares que almejamos chegar, não o contrário.

É um excelente e infalível guia. Nossos reflexos e decisões impulsivas, nossas primeiras impressões, até nossas intuições, são guiadas pelo nosso subconsciente.

O invisível tem muita força em você, é preciso que você o programe de forma correta. Faremos isso na parte II.

Anote esta frase:

O SEU CONSCIENTE TEM, DENTRE VÁRIAS FUNÇÕES, A DE PROGRAMAR O SEU SUBCONSCIENTE.

Esta última frase, sem sombra de dúvidas, traz um dos conceitos mais poderosos do livro.

Se, propositadamente, programarmos nosso subconsciente para trabalhar a nosso favor, teremos um aliado poderosíssimo na busca por nossos resultados.

Para fazermos isso, **utilizamos o nosso CONSCIENTE,** ou seja, nossa ações, pensamentos, e tudo o que fazemos de propósito para dar esse turbo em nosso subconsciente.

Essa premissa ajudará você a se manter focado nas ações corretas, alimentando as "forças invisíveis" até que os resultados visíveis comecem a ficar mais evidentes. Por esta razão, começamos com esta premissa.

Acreditar nisso, trará motivação para continuarmos regando as sementes e nutrindo o solo do nosso subconsciente. Essa é a melhor analogia do que o cons-

ciente faz com as ideias programadas em nosso subconsciente, ele rega, nutre e ajuda a torná-las visíveis.

Premissa 2: Sua vibração é o seu Ponto de Atração

Usaremos esta premissa em todo o livro. É importante que fique bem claro este conceito. A Mente trabalha com imagens, prioritariamente. Você visualiza coisas em sua mente, é sempre um filme.

O que gera a combustão necessária para a Lei da Atração funcionar é o conjunto **IMAGEM + SENTIMENTO.**

Você precisa deixar isso muito claro em seu coração.

Nota do autor:

O seu coração "pensa". Parece estranho, mas existem neurônios em seu coração. Ele está conectado a seu sistema nervoso central, e a relação dele com o seu cérebro e a sua mente, é direta. Você pensa em coisas e de maneira direta, quase que instantaneamente, o seu coração vibra. Alinhar essas duas ferramentas é fundamental. Uma emoção forte, que faça seu coração vibrar intensamente, seja uma vibração de alegria ou terror, fará com que o seu cérebro guarde aquela informação com mais afinco em seu subconsciente. Lembre-se disso: ***uma forte emoção ajudará com que a programação de seu subconsciente seja mais eficiente.***

Se você tem uma imagem de um carro que você quer em sua mente, mas o sentimento que você tem é de ansiedade por desejá-lo há tanto tempo, ou de frustração por não ter o dinheiro, ou de impotência por não saber como conseguir um carro daqueles, adivinhe qual será a Vibração resultante?

Exatamente! A de não ter o carro. Você está vibrando "Não ter o carro". (Falaremos sobre Escassez, mais adiante no livro).

Você terá uma vibração que manterá você neste mesmo estado de "Não ter o carro". Goste você ou não. Você tem uma imagem de si próprio sem o carro e o sentimento é de falta, escassez, impotência, resultando em uma vibração que corresponde a essa realidade, logo, a lei em operação faz com que ela se realize, neste caso, mantenha-se (lembre-se da fórmula: Imagem + Sentimento = Vibração → Realidade)

A combustão é o ponto em que a realidade começa a se transformar de acordo com o que você **intenciona.** É aquele momento em que você sente *"As coisas estão começando a acontecer"*. Para você chegar a este ponto, você precisa ativar a vibração certa.

Esta premissa é importante:

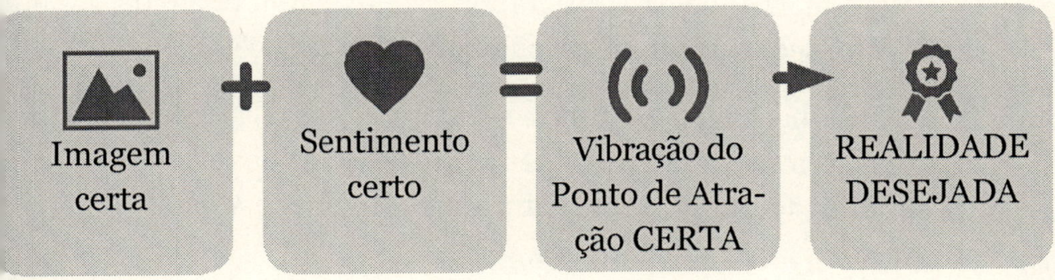

Mantenha sempre em mente que a <u>Vibração do Ponto de Atração = Sua realidade.</u>

Hoje, neste exato momento, você tem um Ponto de Atração.

Agora, enquanto lê este livro, você está atraindo algo. Você tem emoções e sentimentos neste exato minuto. AGORA!

Sempre temos, afinal, sempre temos uma realidade. É impossível sair desse contexto enquanto estivermos vivos!

Vamos ver outros casos onde você utiliza, sem querer, claro, a Lei da Atração de maneira equivocada.

Você pode ter a imagem de uma promoção que quer no seu emprego, mas ao imaginar-se lá, você sente medo de não conseguir entregar o trabalho, ou não ser bem sucedido.

Imagem (Você no novo cargo) + Sentimento (Medo) = Vibração do Ponto de Atração contraditória ao que você quer.

Muitas coisas que você deseja, hoje, estão em contradição ou conflito no seu subconsciente.

São coisas (eventos, situações e realidades) que **VOCÊ QUER E NÃO QUER AO MESMO TEMPO. Parece loucura, não é? Mas é exatamente assim que acontece na cabeça do ser humano.**

Você quer aquele carrão importado, mas tem medo de ser assaltado, sequestrado ou de chamar muita atenção.

Você quer viajar o mundo e ser livre, desgarrar de todos os conceitos materialistas, mas tem medo de envelhecer só, de ser julgado por não construir uma família convencional ou mesmo de passar dificuldades.

Você quer ganhar na loteria, mas se ganhar não vai falar pra ninguém, porque tem medo de que as pessoas só queiram seu dinheiro e não gostem de você pelo que você é.

ENQUANTO VOCÊ QUISER ALGO E AO MESMO TEMPO NÃO QUISER, VOCÊ NÃO MANIFESTARÁ NADA DE NOVO EM SUA VIDA.
Mario Meireles

Preste atenção nisso que vou te dizer. Falo isso sempre para meus clientes e em meus treinamentos.

O Universo, Deus, a Vida, ou como queira chamar, **não quer que você sofra! Logo, ele não vai te dar algo que você ainda não tenha certeza de que quer.**

Tenha certeza do que você quer! Especifique exatamente como quer que seja. Coloque clareza. Seja firme e forte ao afirmar que quer algo.

E fique tranquilo, ao entender o processo de atração, você pode ter certeza de que se não gostar da realidade criada, você poderá atrair novas coisas e criar uma nova realidade no futuro.

Isso é libertador. Sempre haverá uma nova vida adiante!

Escolha com clareza. Determine e ande com passos firmes na direção do que você quer.

Se, ao chegar lá, não gostar do resultado, atente-se à próxima premissa. Você terá tido uma lição importante e valiosa.

Tudo está certo. Neste Universo não há nada de errado.

Premissa 3: Autorresponsabilidade

Talvez, para alguns leitores (pode ser que seja o seu caso), esta seja a primeira vez que cruza com essa palavra. É um termo pouco utilizado no dia a dia, mas no meio do *Coaching,* já se tornou até um termo clichê.

Ele vai além de assumir as suas responsabilidades, ele significa que você é responsável por tudo o que se passa com você. Inclusive as coisas não desejadas.

Você pode, por exemplo, ter sido traído em seu último relacionamento afetivo. Claro que a traição foi uma ação feita pela outra parte, entretanto, foi você quem, direta ou indiretamente, escolheu estar com essa pessoa. Existe aí, nesse ponto, também, o conceito de autorresponsabilidade.

O mesmo vale para negócios. Eu mesmo emprestei uma quantidade enorme de dinheiro para uma amiga de confiança. Achava que estaria seguro em fazer este investimento. Ela era responsável, de bom histórico empresarial e familiar. A minha surpresa foi quando ela simplesmente sumiu do mapa e ignorou os nossos pagamentos combinados.

Sabe, por muito tempo lutei internamente com os prejuízos que isso causou em minha vida pessoal e em meus negócios, afinal o valor era realmente alto.

Um dia, entendi que a culpa e a responsabilidade eram minhas e não dela.

Eu poderia ter dito não. Independentemente do cenário. O risco assumido por mim é uma responsabilidade minha. E esta foi a grande lição.

Acredito que o tema da Autorresponsabilidade toque em

vários outros temas deste livro, o qual trata da criação da sua própria realidade. E existe um lado bom em tudo isso.

Se você é responsável por tudo, você é o único responsável pela sua mudança de vida também. Ninguém pode mudar a sua vida. E isso te dará um grande senso de mérito.

No dia que essa ficha caiu, escrevi em um caderno de textos que, muito provavelmente, quando você estiver lendo este livro, já terá sido publicado na forma de um livro de inspirações, o seguinte pensamento:

> NASCEU POBRE? VOCÊ NÃO PODE MUDAR ESTE FATO. ESTUDE O DOBRO, TRABALHO O TRIPLO, QUADRIPLIQUE A SUA FÉ.
>
> Mario Meireles

A ideia por detrás desse pensamento é o centro da Autorresponsabilidade. Temos que confiar no Universo. Cada um vive as suas próprias lutas e nós nunca saberemos a luta do próximo. Nem precisamos saber ou entender, já temos a nossa própria para trabalhar.

Agora, ficarmos nos comparando ou achando que os outros nasceram com uma vida melhor e têm mais oportunidades, em um papel de vítima ou desvantagem, fará com que nós entreguemos menos do que podemos.

Nasci de família simples e, graças aos estudos, pude estudar Engenharia na melhor universidade do Brasil e ainda fazer um estágio com tudo pago na Universidade de Harvard. Sabe, hoje não trabalho mais como Engenheiro. Empreender tornou-se mais prazeroso e divertido (lucrativo também). Porém, as minhas vitórias pessoais, no campo da autoestima e superação de complexos de inferioridade, foram as verdadeiras lições de todo o início da minha trajetória.

Ter conseguido aquelas vitórias na área dos estudos, nutriu minha autoconfiança e senso de responsabilidade. Minha autoestima também se fortaleceu e se hoje eu escrevo livros, e continuarei escrevendo, é por acreditar que realmente TODOS NÓS temos uma história para contar e algo para ensinar.

Esses foram os verdadeiros ganhos, não o diploma ou a formação em si. Longe dos títulos, o ganho está no que eu me tornei.

Hoje, olho com a certeza de que tudo é possível para aquele que entende que está em suas mãos fazer algo dar certo e ASSUME O SEU PAPEL, TRAÇA UM PLANO DE TRABALHO e COLOCA AÇÃO MASSIVA na execução deste plano.

NENHUMA META RESISTE AO PODER DO TRABALHO MASSIVO.

Para finalizar este conceito e motivá-lo a incorporar a Autorresponsabilidade em seu dia a dia, para torná-la uma premissa básica não apenas para este livro, mas para a sua caminhada pela vida, quero trazer outros pontos para a reflexão.

Como estamos falando muito sobre energia, vibração e Ponto de Atração, entendemos que precisamos estar leves.

A Autorresponsabilidade o ajudará a perdoar acontecimentos e eventos antigos. Ao assumir a responsabilidade por tudo o que se passou com você, inclusive as coisas ruins, você está pronto para liberar a culpa que colocou nas outras pessoas ou situações.

Pode, então, perdoar com a essência máxima do perdão que é a gratidão. Quando você consegue agradecer pelas lições que os eventos do passado te trouxeram, você pode dizer que perdoou.

Nota:

Colocarei, no final deste livro, um capítulo com páginas sobre SIGNIFICADO, tiradas do meu primeiro livro: Equilibrando as 7 áreas fundamentais da vida, da série Life Coaching. Se o tema Perdão for algo muito importante para você, dê uma corrida lá agora e leia, mas volte para não perder o raciocínio. Sugiro, também, que leia o livro em uma outra oportunidade. É belíssimo.

Esta é uma prova de que você está pronto para criar.

Você não conseguirá criar a vida com a qual você sonha, anote bem isso, **enquanto não conseguir agradecer e honrar toda sua caminhada até o momento atual.**

O primeiro passo para isso é assumir a responsabilidade, sem martírios e arrependimentos, para que possa perdoar, deixar para trás, aprender as lições e liberar espaço para a criação do novo.

Leia o capítulo sobre Significado que coloquei no final deste livro e faça os exercícios dele. São realmente bons. Teremos em nossa rotina diária, na parte II, momentos para colocarmos um significado útil para as coisas que nos acontecem.

Devemos encontrar um significado útil, assumindo a nossa responsabilidade de perdoar, deixar as coisas que afetam negativamente nossa vibração para trás, e seguir manifestando a realidade que desejamos.

Mas agora eu gostaria de fazer uma pergunta provocante e testar se você já conseguiu aceitar a Autorresponsabilidade:

QUALQUER QUE SEJA A SITUAÇÃO QUE O INCOMODA HOJE, QUAL A SUA PARCELA DE CULPA NESTE CASO?

Se você entendeu bem o conceito da Autorresponsabilidade, você responderá 100%. Afinal, é você quem está criando e mantendo a situação ativa (independentemente de qual seja o motivo que o prende à situação).

Você poderá mudar tudo quando tomar 100% de responsabilidade pela criação, manutenção ou término da situação. Eu sei que você sabe disso.

Assuma o comando.

É tudo seu!

Premissa 4: O Universo é bom

Curioso como algumas pessoas acreditam que o Universo, ou mesmo a figura que eles escolhem para representar o Universo (Deus, Energia Vital, Brahma, etc.), tem comportamentos humanos.

Não tem.

Muitas pessoas humanizam essas figuras. Espelham com os seus próprios defeitos e limitações. Acreditando que essas Entidades, ou Forças, pensam exatamente como nós, humanos.

(Nota do autor: Eu prefiro usar o nome Deus, mesmo que não seja o entendimento de Deus que a maioria das pessoas tem. Usarei a partir de agora, mas continue escolhendo a definição que preferir)

Deus não fica ressentido, vingativo, decepcionado, etc. Ele está acima disso tudo. Esses sentimentos são de seres humanos que não entendem a visão ampla da realidade.

Por que esta é uma premissa importante?

Acreditar e entender que o Universo é bom, ou melhor, que Deus é bom, trará para você conforto e estabilidade emocional.

No *Coaching*, Inteligência Emocional é a base da mudança. Uma pessoa desesperada não consegue tomar decisões assertivas. As emoções afetam nosso julgamento.

Deixe-me simular um exemplo, ok? Imagine a seguinte situação:

Imagine duas pessoas. A primeira pessoa acredita que o **Universo é bom,** que tudo o que acontece é para o seu próprio bem e tem um motivo ou mesmo uma grande lição. Essas são as crenças da primeira pessoa.

A segunda pessoa não tem essa crença.

Ambas batem o carro e chegam atrasadas para uma reunião importante.

Se você pensar com bastante calma, as duas terão reações totalmente diferentes. Cada uma delas terá reações apoiadas no seu conjunto de crenças.

A Primeira, apoiada em suas crenças, assumirá que a batida foi a melhor coisa que poderia ter acontecido. Ela acreditará que estava sendo protegida de algo mais grave e que a reunião não deveria ser para ela. Acreditará, também, que existe uma lição por detrás e tentará encontrar tal lição para crescer com ela.

A segunda pessoa pode acreditar que é azarada, que a vida sempre prega peças com ela e que a tal da lei de Murphy opera todos os dias na rotina dela. Que foi uma sacanagem isso ter acontecido e ficará chateada por ter perdido a reunião. Acreditará que perder a reunião será justamente como uma forma de castigo.

Você percebe como o poder da Crença afeta suas emoções? Temos aqui uma pessoa que sairia grata pelo acidente e uma pessoa que sairia revoltada pelo mesmo acidente.

As suas emoções são fundamentais para o desenvolvimento da sua vida e do seu sucesso.

Falamos há algumas páginas sobre como o pensamento somado ao sentimento cria a sua Vibração do Ponto de Atração. As realidades que as duas pessoas do nosso exemplo manifestam, apoiados nessa premissa, são totalmente diferentes.

Mas não é apenas a realidade manifestada, é também o prazer sentido no dia a dia. É a alegria e a diversão pela vida. Aspectos que também afetam a sua vibração.

Existem pessoas que conseguem rir de tudo o que acontece com elas, levam a vida de uma maneira muito leve e alegre.

Já está mais do que provado que isso afeta a saúde, os relacionamentos, a qualidade do sono, o envelhecimento e, no final, **a experiência do fenômeno que chamamos de vida é totalmente diferente.**

Suas crenças, portanto, afetam a sua realidade e, principalmente, o que você experimenta como vida.

Uma nova crença e entendimento podem mudar tudo isso. Basta você fazer um teste e mudar essa visão (pelo menos por estes 30 dias que passaremos juntos).

Acredite e tenha bem claro que o Universo é bom, é seu amigo e te respeita.

Ele te respeita tanto, que chega ao ponto de te dar exatamente aquilo que você está vibrando.

Vibre gratidão. Vibre alegria!

Vibre Aprendizagem. Vibre Evolução!

Premissa 5: Crescimento e Evolução

Uma das perguntas mais filosóficas que existem é: "De onde viemos". Anterior a esta pergunta, porém, está a pergunta: "Por que o Universo, o TODO, existe?". Aqueles que acreditam em Deus, ainda podem se perguntar: "De onde veio Deus, por que Ele existe?".

São perguntas muito amplas e que, na maioria das vezes, nos levam a respostas insatisfatórias. A realidade é que não conseguiremos responder a essas perguntas do nosso nível atual de existência. Sendo assim, todas elas acabam indo para o domínio de explicação da fé.

Para os que não têm fé religiosa, podemos simplificar muito as coisas com a resposta: **"Estamos nesta vida para crescermos, aprendermos e evoluirmos".**

Essa é uma resposta simples que, mesmo que a pessoa não acredite em algo após o final deste ciclo de vida, ela pode entender como algo finito e suficiente. *"Estou aqui para melhorar enquanto eu existir."*.

Pensando deste modo, fica muito fácil nós aumentarmos a nossa compreensão e paciência com os desafios do dia a dia e somá-los à ideia de que o Universo é bom. É uma forma de pensar que nos leva à seguinte conclusão:

"Os desafios do dia de hoje são meus amigos, querem me ajudar a crescer e aprender coisas novas. Depois que eu aprender como superá-los, eles não serão mais desafios."

Para simplificar ainda mais este conceito, lembre-se de sua infância. Você, um dia, teve dificuldades para aprender problemas simples de matemática. Multiplicações e divisões pareciam exercícios muito difíceis.

Eles eram, muitas vezes, irritantes, chatos, inconvenientes e atrapalhavam a sua brincadeira do dia.

Como você era obrigado a aprender, ou melhor, deixe-me colocar em outras palavras... como você via (ou seus pais viam) um propósito por detrás daquela situação, você encarava os problemas e crescia com eles.

Nas lições seguintes, aqueles mesmos problemas já não eram mais problemas, eram apenas processos que você precisava executar. Com o passar do tempo, encarar o mesmo problema de matemática, tornou-se uma situação muito mais amena, pois já fora superado uma vez.

E se você quer saber, a verdade é que até mesmo andar e dormir sem fazer xixi na cama já foram grandes desafios para você.

Você cria anticorpos contra o fracasso e contra as dificuldades e desta maneira, vai crescendo e evoluindo.

Cada "derrota" é um instrumento, uma professora, uma entidade que serve para te fazer melhorar. Tanto é assim que a frase a seguir exemplifica muito bem qual a base dessa premissa.

EU NUNCA PERCO! OU EU VENÇO OU EU CRESÇO.

Aos meus olhos, crescer é uma forma de vitória!

Guarde essa premissa em seu coração. Ela será fundamental para que possamos lidar com os desafios e com as decepções que surgirem em nosso caminho.

Premissa 6: Infalibilidade

Talvez você não consiga acreditar nas premissas anteriores. Em particular, a premissa que diz que o **Universo é bom.** A princípio pode ser difícil, eu sei. Para alguns, entretanto, ela deve ter feito muito sentido. Muitas vezes, demora algum tempo (até mesmo alguns anos) para que você perceba que **algo ruim que aconteceu com você pode ter sido, na realidade, algo muito bom.** É preciso meditar sobre isso e adquirir a maturidade para acreditar nessa premissa.

Essa premissa sobre a bondade do Universo e tudo o que decorre dela, nos abre outro raciocínio: **a perfeição da coisa toda**. O Universo é infalível, à prova de erros, falhas, distúrbios, etc.

Para esse Universo funcionar e, portanto, a lei da atração, as leis que organizam e orquestram tudo isso precisam ser exatas. Elas devem ser infalíveis e, principalmente, **imutáveis**. Não dá para imaginar isso variando de tempos em tempos, *"Agora a regra é outra, mande avisar a todos"*. Brincadeiras à parte, isso é bem importante. São muitos e muitos anos que pessoas experimentam e praticam as leis e se apoiam nestas premissas.

Existem livros de religiões e filosofia muito antigos que fazem menção ao poder da sua mente e do uso dela como instrumento de construção do seu universo pessoal.

Pense comigo, se não fosse assim, haveria injustiça. Se alguém tivesse privilégios perante Deus, haveria um paradoxo na lei, e isso não existe. (Quando falo privilégios, não estou falando perante a lei dos homens, privilégios sociais ou financeiros).

Pense por um segundo, **qual a vantagem de uma pessoa que se esforça em um Universo no qual as pessoas dependam do fator "Ser o queridinho de Deus" ou mesmo do "Fator Sorte" para crescerem?**

Ou ainda, como posso acreditar na inteligência infinita de Deus e do Universo e dizer que eles fizeram alguma coisa errada, ou dizer o que deveria ou não deveria ter acontecido? *(Quem é que tem a inteligência infinita? Deus, ou você? Sabichão!).*

Você teria a pretensão de virar para Deus e dizer *"Deus, olha só, deveria ter acontecido assim, assim, assado... Você errou naquele caso ali"*. **Por favor, não tenha essa presunção**.

Não há sorte. Existem Leis. Você as cumpre ou não. Simples assim. Perfeita justiça e execução das ideias universais.

Liberte-se desta ideia de que você precisa de sorte.

ACREDITAR NA SORTE É CHAMAR DEUS DE INJUSTO!
Mario Meireles

Vencer na vida é muito mais simples do que tentar "agradar a Deus" ou "Ser o queridinho" ou "ter sorte".

Falo isso porque, primeiro, VOCÊ JÁ AGRADA A DEUS. Se Deus é só amor, não tem comportamentos humanos de raiva, decepção ou qualquer coisa do tipo, **ele já te ama com todo o amor que existe**, do contrário não seria Deus.

É lindo esse entendimento, leia quantas vezes precisar para se sentir em paz com a Entidade Suprema que você ama.

E segundo porque, se acreditamos que no Universo não há falhas e erros, tampouco você é um engano. Você foi criado de propósito!

Existe um porquê de você existir. Você tem algo a realizar e irá conseguir. Até mesmo o nosso encontro, por meio deste livro, é proposital.

Talvez aqui você quebre algumas crenças distorcidas sobre a realidade, ou crenças de inferioridade. Pode ser que você encontre seu poder pessoal e também as ferramentas de que precisa para cumprir seu propósito.

Eu, particularmente, enquanto escrevo este livro e todos os outros que já escrevi *(inclusive um sobre propósito de vida)*, sinto-me plenamente realizando o que a vida me criou para fazer.

Resumindo, você não precisa de sorte.

Você precisa apenas saber de 3 coisas:

1. Entenda as regras do jogo.
2. Pratique e aprenda a Jogar.
3. Jogue direitinho e tudo lhe será dado!

Premissa 7: Resistência

Dentre as premissas da Lei da Atração, esta é uma das mais significativas. No *Coaching,* falamos muito sobre zona de conforto, medo, bloqueios e sobre como **tudo o que você quer, está logo após a superação desses aspectos**.

Do ponto de vista vibracional, um bloqueio ou um medo são uma forma de **resistência**. Resistência é um conceito simples de entender.

Você quer empurrar um armário, ele não se move. O motivo é a resistência causada pelo atrito entre o armário e o chão. A resistência é uma força contrária, algo que impede que um objeto se mova, mesmo quando há desejo, força e energia envolvida a favor do movimento.

Resistência não causa sempre a imobilidade, como no exemplo acima, mas pode causar uma **redução da velocidade**. Você quer algo, está caminhando na direção dele, mas a velocidade é muito, muito baixa. Parece que você está andando no carro com o freio de mão puxado.

Você já deve ter se visto em momentos assim pela vida. Você está consumindo energia demais, trabalhando muito, fazendo infinitas coisas, mas concretizando poucos resultados. E se você fosse um carro, estaria desgastando todos os sistemas e, mesmo assim, seu deslocamento seria lento.

Para o Universo, não há rápido ou lento.

Vamos olhar um fenômeno espantoso, pouco comum e pouco estudado pelas pessoas: **um milagre.** Um Milagre, daqueles exemplos de superação, como uma doença irreversível e terminal. Ele é apenas algo sobre o qual nós não sabemos a explicação. Com certeza o Universo, Deus, etc, sabem como funciona e como se causa essa rápida mudança em alguma situação pouco provável, ou mesmo, aos nossos olhos, impossível de acontecer.

Quando não há resistência, a manifestação acontece mais rápido. Quando há entrega e desapego, as coisas podem sair mais facilmente das nossas vidas e outras coisas novas podem chegar sem problemas. Coloco, a seguir, uma frase para nós refletirmos.

VOCÊ PRECISA DEIXAR A SUA VIDA ATUAL MORRER PARA QUE HAJA ESPAÇO PARA UMA NOVA VIDA NASCER.

Deixe-me dar alguns exemplos sobre este desapego. Claro, você deve, neste momento, olhar para a sua própria vida e ver onde está a resistência. Só você pode dizer!

É importante termos em mente que algo que é uma resistência para uma pessoa pode ser uma fonte de motivação para outra. Lembre-se de que o Universo não faz julgamentos, para ele está tudo certo e dentro das regras, nós é que fazemos julgamentos. E isso também afeta a nossa vibração do Ponto de Atração.

Do ponto de vista energético, a RESISTÊNCIA é apenas uma vibração de Ponto de Atração que está "dessincronizada" com o objeto que você quer atrair.

Existem várias coisas que causam essa resistência. Claro que é muito da sua própria percepção. Leia a seguinte frase inúmeras vezes até entender:

SE VOCÊ ACREDITA QUE ALGO É UM PROBLEMA E TE ATRAPALHA PARA MANIFESTAR UMA REALIDADE, ESSA CRENÇA DE QUE ALGO TE ATRAPALHA É, POR SI SÓ, A PRÓPRIA RESISTÊNCIA QUE ESTÁ TE ATRAPALHANDO.

Um exemplo simples. Imagine que você acredite que precisa das duas pernas para ser bem sucedido em uma carreira. Um dia, você encontra uma pessoa que não tem uma das pernas e tem um sucesso inacreditável na sua área. Pronto! Você encontrou um exemplo de uma pessoa que não criou uma Resistência a partir da condição atual. Principalmente, porque ela não olhava para aquela condição com o olhar de "isso é um problema".

Simples assim!

Existem milhões de casos de pessoas que têm as mesmas dificuldades, se não maiores que as suas, mas que as superam e conseguem resultados incríveis.

Elas superam, ANTES DE QUALQUER COISA, a crença de que a condição delas é um problema. Ao superarem isso, elas aliviam a resistência, sua VIBRAÇÃO DO PONTO DE ATRAÇÃO adequa-se ao que elas querem atrair e o Universo começa a realizar a sua mágica e manifestar a realidade.

Nosso olhar pessimista e inferiorizado sobre nossas próprias condições, como no exemplo acima, é um caso muito comum de resistência que nós, sem saber, criamos em nossas vidas.

Existem, claro, muitos outros comportamentos que causam resistência. Uma forma muito comum de se criar resistência é quando há a necessidade MUITO GRANDE de controlar como as coisas vão acontecer.

Posso afirmar, com muita certeza, que **Deus sabe melhor do que você como fazer as coisas acontecerem.** Então, meu amigo, deixe a coisa fluir e mantenha sua vibração do ponto de atração alinhada ao que quer e **confie no processo. Trabalhe para livrar-se das resistências** e, como milagre, as coisas começarão a acontecer.

"CONFIE NO PROCESSO, CONFIE EM MIM!"
(DEUS, UNIVERSO, VIDA, NATUREZA, ETC)

Mas vamos aos exemplos!

Imagine uma pessoa que está em um relacionamento nocivo. Ela sofre! Muitas vezes é agredida física, verbal, moral e psicologicamente. Essa pessoa quer um amor, carinho, alegria e leveza. Porém, ela tem um papel, um contrato, chamado casamento e, simultaneamente a esse contrato, fez uma grande festa anunciando, publicamente, que estaria com a pessoa, que lhe agride agora, até a morte. Foi uma cerimônia emocionante, sentimentos muito poderosos dentro dela.

(Como Coach, digo que o casamento é uma programação fortíssima na Psique das pessoas. Está relacionado a sonho, realização pessoal, compromisso social e familiar, e muito mais.)

Conseguiu imaginar o cenário?

A pessoa quer uma vida incrível, mas sem saber, resiste à mudança. O Universo quer entregar a paz, a leveza, a alegria e também o carinho. Mas a pessoa resiste (sem saber), quando ela insiste que isso **venha do Atual relacionamento**.

Ela quer mudar a outra pessoa!

Ela se mantém em uma situação insatisfatória, por diversos motivos criados por ela mesma, e ignora as próprias Emoções, que são as verdadeiras guias. **Se algo não te faz sentir bem, há resistência.** Você está sofrendo e baixando a vibração do seu Ponto de Atração.

Simples assim.

Se ela permitisse largar as resistências, o Universo poderia, quase magicamente, trazer uma nova pessoa para criar este relacionamento dos sonhos. Claro, a outra pessoa poderia mudar, mas isso não está no controle dela. Sabemos que não podemos mudar as outra pessoas. Cabe a elas fazerem esta mudança, se quiserem e trabalharem para isso.

A verdade é que a vontade de controlar **como as coisas devem acontecer,** faz com que milhares de pessoas sofram diariamente. Elas não conhecem ou não confiam no processo e têm medo das mudanças.

Este exemplo pode ser validado com relação à sua carreira, à cidade em que você mora, aos seus grupos de amigos, ao seu corpo e sua saúde, etc.

Você não consegue controlar o COMO, apenas pode controlar e direcionar o que você quer sentir e o Universo trará as coisas que se alinhem a esse sentimento. Sentir Sucesso, Amor, Paixão, Utilidade, Relevância, Significância, etc.

Entenda isso e faça um esforço. Livre-se da resistência e livre-se do peso. Siga suas emoções mais leves e positivas e, com toda a certeza que a vida me deu, TUDO LHE SERÁ DADO.

Você não precisa jogar tudo para o alto, calma!

Isso, hoje, poderia causar ainda mais dor e problemas.

Siga os processos, use sua mente e mude sua vibração. Pessoas entrarão em sua vida, outras sairão. Oportunidades novas surgirão e outras irão embora. Não se importe. Se estiver com sua Vibração de Ponto de Atração bem afinada, confie no processo. Tudo o que acontecer será apenas o Universo se ajustando à sua nova vibração. Confie MESMO no processo, não tente controlar as mudanças.

Grandes desejos, grandes sonhos exigirão grandes mudanças. Não tenha medo delas. Abrace-as como quem abraça um filho.

Elas são para o seu bem, como tudo o que acontece, afinal. Depois disso, medite alguns minutos em cima das seguintes perguntas:

- Você tem medo de mudanças?
- O que tem tirado a sua paz de espírito?
- Quais brigas, lutas e desavenças que você tem comprado?

O que tem consumido seu tempo e energia sem retorno?

Quanto tempo você passa sofrendo e quanto tempo você passa alegre?

Você tem tentado controlar as coisas ou pessoas?

O quanto você luta contra você mesma (o)?

Premissa 8: GPS

Você sabe muito bem o que é um GPS para seu carro e seus caminhos. Hoje, este é um conceito mais do que difundido.

O seu GPS do carro não te pergunta onde você esteve antes. Seu GPS não questiona se você tem seguido as regras e sido um bom menino. Ele não pergunta se você é um bom motorista e se dirige há muito tempo. Também não importa o modelo do carro, se é novo, velho, colorido. Para o GPS, isso não importa. Ele não questiona isso.

A única coisa que um GPS precisa saber de você é: ONDE VOCÊ ESTÁ agora – o que chamaremos de REALIDADE ATUAL – e PARA ONDE VOCÊ QUER IR – o que chamaremos de REALIDADE DESEJADA.

Após dar estas duas informações para o GPS, ele traçará a rota e te guiará. Você não precisa saber a rota inteira, na realidade, só te interessa saber o próximo movimento, a próxima curva. Para dirigir corretamente com o GPS, você deve estar atento AO MOVIMENTO E AO MOMENTO. Você deve escutar e prestar muita atenção às instruções que estão acontecendo **naquele exato instante.**

Parece meio óbvio, mas se você soubesse todo o caminho, você não precisaria de GPS. Isso é ótimo para os "sabichões" que sempre "sabem" de tudo. Digo que não, meu amigo, se você soubesse como ganhar um milhão de dólares, você os teria. A grande verdade é que só quem conquistou algo, pode dizer que sabe como fazer tal coisa.

O interessante é que o GPS, muitas vezes, te dá a rota mais curta ou a mais rápida. É um aparelho magnífico. Atualmente, alguns têm informação do trânsito e te fornecem o caminho mais livre para chegar até o destino desejado.

O GPS também corrigirá a sua rota, caso você cometa algum erro, e traçará novamente o caminho. Não existem punições por você ter errado.

O GPS não fica ressentido com você: "*Você não seguiu a última instrução, não te falo mais o caminho*", não, ele não é humanizado. Ele funciona independentemente de como você o trata.

Quantas analogias incríveis para serem feitas com a nossa vida.

Você tem um sistema de GPS dentro de você. Um sistema perfeito, que conhece os caminhos e está te guiando 24 horas por dia. O seu GPS interno é **o seu sistema emocional.**

É apenas para isso que ele serve e para isso que ele foi

criado. Você coloca os seus estados desejados (aprenderemos a "programar o local de destino") e, depois, segue as instruções que são dadas pelas emoções. "Isso me faz sentir bem", "isso não me faz sentir bem".

Simples assim. *"Devo virar à direita ou à esquerda?", "Devo fazer isso ou aquilo?"* O seu GPS diz, por meio das suas emoções, o caminho certo. É aquele que te faz sentir melhor e mais alegre.

Se você não tiver resistência, como vimos na premissa anterior, você seguirá o GPS com facilidade e percorrerá a vida inteira em um caminho de felicidade.

Obviamente, as pessoas falham em alguns aspectos e isso é muito visível com o *Coaching*.

Aqui vou listar, simbolicamente, usando metáforas, os principais erros cometidos pelas pessoas quando o assunto é Ponto de Partida, Ponte de Chegada e Seguir a Rota, veja se você comete algum deles:

- Não encaram a realidade, o local atual;
- Não sabem exatamente aonde querem ir, o local desejado;
- Não seguem as instruções dadas pelo GPS;
- Não gostam do caminho proposto pelo GPS;

- Ligam o GPS, mas se mantêm fazendo a rota com a qual estão mais acostumadas;

- Ignoram o GPS;

- Não confiam no GPS;

- Têm medo de seguir o GPS;

- Acham que o GPS irá levá-las a um lugar insatisfatório e diferente do programado, isto é, acham que ele errará o caminho.

Tenho certeza de que algum dia, em seu carro, você fez alguma dessas coisas com seu aparelho de GPS. Você já deve ter desconfiado do caminho que ele deu, ou mesmo criticado *"Ah esse caminho é horrível, vou fazer o que sempre faço!"* **(Para que serve o seu GPS então, Gênio?)**

Existem dentro de você centenas de emoções.

São centenas de guias.

Ao se deparar com uma decisão ou com algum ponto de resistência pergunte-se:

QUAL DESSAS DECISÕES – e seus desdobramentos – ME FARIA SENTIR MELHOR? Qual delas ME FAZ mais feliz?

Depois, tenha coragem de analisar fria e sinceramente a resposta. Tenha ainda mais coragem de seguir essas instruções.

Nota do autor:

Fundamental é traçar a rota desejada no GPS, ou seja, saber bem o que se quer! Na série de livros LifeCoaching, que publiquei anos antes deste livro, deixo muito claro que temos apenas dois tipos de ação: aquelas que nos aproximam do nosso objetivo e as outras que nos afastam dele. Simples assim. Sem um objetivo claro definido, nosso GPS não consegue nos orientar com exatidão.

Você pode dizer: "*Mario, isso é egoísmo*" e eu te respondo, SIM, É EGOÍSMO. Porque a menos que você esteja feliz, qualquer felicidade que você esteja criando para os outros é efêmera e passageira, além de mentirosa.

Certamente, se você falar para as pessoas o quanto **está sendo difícil e sofrido, para você, fazê-las felizes,** elas se entristeceriam. Não é legítima essa felicidade. Não é a felicidade do todo.

A Felicidade do outro só é real se a sua também for. Lembre-se disso!

Muitas vezes, é a falta de confiança no processo que faz com que nós não sejamos sinceros a respeito da nossa própria felicidade.

Temos medo de decepcionarmos as pessoas, de sermos julgados e criticados.

Nós mesmos criticaríamos isso e, justamente por causa disso, acreditamos que seríamos criticados também. Temos medo de perder o apreço, a admiração, o amor e o carinho das pessoas.

O medo do abandono e da perda de estima social nos faz viver uma vida que não é verdadeiramente plena e nem feliz.

Contudo, se formos realmente sinceros, a grande maioria das pessoas está vivendo vidas infelizes. No fundo, muitos adorariam ter a coragem de se manterem firmes aos sentimentos pessoais e passarem a viver a vida que sempre quiseram. *(Você precisará de coragem!).*

Pense em quantas coisas boas aconteceriam se você se mantivesse firme aos seus sentimentos mais nobres. Somente felicidade legítima seria criada ao seu redor. Somente VERDADES existiriam ao seu redor.

Um mundo verdadeiro e real se abriria para você.

Em teoria, é muito bonito, mas, como falamos há algumas páginas, SE VOCÊ ACREDITA QUE ALGO É DIFÍCIL OU IMPOSSÍVEL, você cria a resistência que o impede de realizar.

Sei que existe força dentro do seu coração! Mais do que o suficiente para você ser verdadeiro consigo mesmo e posicionar-se em prol da sua felicidade!

Se você não o fizer, ninguém o fará por você.

Acima de tudo, você merece ser feliz.

Confie no GPS!

Premissa 9: Atenção - Foco

A ATENÇÃO É O NUTRIENTE MAIS PODEROSO DO UNIVERSO
Mario Meireles

Essa frase é extremamente poderosa. No dia em que entendi que minha atenção é nutriente, que ela tem o poder de fazer algo expandir-se ou retrair-se em minha realidade, tudo mudou.

É difícil acreditar neste conceito sob a ótica metafísica e invisível. Em contrapartida, sob a ótica física e psicológica, é muito simples de entender. Sendo assim, começaremos por ela.

O *Coaching* sempre se interessa no seu objeto de foco. Onde o seu foco está, determina seu estado emocional, isso determina suas ações e também determina o que você percebe do mundo. Com isso, a sua visão de mundo está ligada diretamente ao foco e ao significado que você dá para as coisas. Novamente, esbarramos nas suas crenças e sobre o que você acredita que está acontecendo a cada momento.

Por exemplo, imagine que você tenha um cachorro. Ele é um cachorro muito bom, na verdade, é um cachorro brincalhão que anima todo o ambiente e enche a sua casa de alegria. Antes dele, você se sentia sozinho, agora você tem um parceiro de quatro patas que te dá lambidas e amor.

Incrível, não é? Sim, é sim!

Mas agora vem um ponto importante. O parceiro precisa ir fazer cocô fora de casa, precisa alimentar-se, solta pelos, late e incomoda os vizinhos, derruba vasos e móveis pela casa, além de, é claro, gerar alguns custos mensais que você não gosta, mas que fazem parte do jogo.

Esse exemplo pode servir para amigos, relacionamentos, objetos, sonhos, projetos e etc.

No mundo físico, é fácil entender que tudo tem dois lados.

Ambos, prós e contras, sempre existirão. É uma regra básica neste plano. Agora, você pode escolher em qual colocar o foco.

É óbvio que se você se focar nos inconvenientes de se ter um cachorro E MANTIVER O SEU FOCO E SUA ATENÇÃO NISSO, você sentirá emoções negativas.

APENAS EMOÇÕES NEGATIVAS PODEM SURGIR DO FATO DE VOCÊ COLOCAR A SUA ATENÇÃO EM COISAS NEGATIVAS.

É muito óbvio isso, mas as pessoas continuam querendo se sentir bem olhando para os aspectos e lados ruins das coisas.

Parece insanidade. E é!

Provavelmente, em poucos dias de emoções negativas e foco nisso, você começará a querer se livrar do cachorro, doá-lo, etc.

O contrário também é verdadeiro. Se você se focar apenas nas coisas boas que ele te proporciona, ele se tornará indispensável. Você sentirá como se fosse obrigatório mantê-lo por perto e inaceitável a ideia de ficar longe dele.

Escolher onde focar e colocar a sua atenção faz toda a diferença em tudo o que você faz.

Do ponto de vista metafísico, a sua atenção mexe com o seu Ponto de Atração. O seu estado emocional, e simultaneamente, a sua vibração, são ambos afetados diretamente pelos objetos e significados que você está dando à sua atenção.

Assistir a um programa de TV que trata de mortes, assassinatos, crimes e etc., te deixará deprimido, achando que o mundo está perdido e que tudo está terrível.

Mas não é assim que o mundo está! Garanto que tem milhares de coisas incríveis e boas acontecendo no mundo agora. Neste exato segundo, pessoas estão se abraçando e celebrando.

Milhões de pessoas sorrindo, felizes, fazendo amor, cantando, pulando, vivendo intensamente. Isso, apenas, não traz muita audiência atualmente.

As pessoas escolhem assistir àquilo que está mais ligado à Vibração do Ponto de Atração delas. Dois motivos principais. **Primeiro,** elas atraem este tipo de programa, informação e pessoas que trazem este tipo de notícia e **segundo**, porque, estranhamente, elas gostam.

Este segundo ponto é curioso e intrigante. Algumas pessoas sentem certa satisfação em receber notícias ruins. Dentre as muitas possibilidades, a mais comum é que elas sentem que suas crenças sobre o mundo estão corretas.

Elas criam essa realidade por meio da vibração delas e os programas de TV a que elas assistem, não apenas alimentam essa Vibração atual, como também validam seu modelo de mundo. Isso faz com que **elas se sintam seguras sobre o que elas pensam e, além de tudo, corretas sobre a realidade**, o que, do ponto de vista do Ego, traz um ótimo grau de satisfação.

Deste modo, elas ficam presas em suas realidades. Presas em suas bolhas. Elas têm uma vibração, atraem coisas que correspondem e validam os seus modelos, sentem-se bem com isso e, portanto, mantêm a vibração, o que repete o ciclo.

É uma grande prisão!

Existe uma maneira de você iniciar o ciclo de mudança, mas ela não acontece sozinha. FELIZMENTE, está no seu controle iniciar essa transformação.

Você pode começar a quebrar o ciclo ESCOLHENDO outros objetos para dar a sua atenção. Tem que partir de você escolher novas fontes de informação, pessoas para seguir e se espelhar, programas, livros, cursos, etc. Só você pode escolher onde colocar a sua atenção.

Você escolhe o que quer criar para a sua realidade e, a Atenção, de forma simples, é um dos primeiros instrumentos que você tem para criar a realidade que você quer viver. Simples assim.

É impossível não ter sua vibração alterada ao ver algo alegre, positivo e próspero. Se você vibra assim, você se torna como tal.

Mantenha a prosperidade e alegria sempre por perto! Tenha fotos dos bons momentos, entre em contato com o seu sonho constantemente. **Faça um quadro de visão com fotos de revistas do que você quer para você.**

Assista a filmes engrandecedores e seriados de TV que estejam relacionados aos seus objetivos. Faça cursos ligados ao que você admira. Aproxime-se, todos os dias, daquilo que você deseja. **Esteja perto de pessoas que já atingiram o que você busca!**

USE SUA ATENÇÃO PARA MOLDAR A SUA VIBRAÇÃO E ALINHAR-SE COM SEUS SONHOS MAIS OUSADOS. ESTE É UM PLANO CERTEIRO PARA O SEU SUCESSO.

Mario Meireles

Dê o dobro de atenção às suas qualidades e pontos fortes. Alimente suas forças e sua fé. Faça isso com todos ao seu redor. Existe uma força poderosa na sua atenção. Elogie e eleve as pessoas. **Coloque sua atenção nas coisas boas que existem ao seu redor.**

Agradeça! Saiba que a gratidão é uma forma rápida de elevar sua vibração e é, também, uma forma sutil de elogio.

Nutra todos os seus sonhos dentro de você por meio da sua atenção. E coloque-a apenas nas coisas que te elevarão.

A sua atenção nas coisas boas do mundo fará dele um lugar melhor. Fará do seu universo pessoal um lugar mágico e gratificante.

Regue, nutra e cultive apenas sementes grandiosas, alegres e abundantes em sua mente!

Você foi criado para viver em plenitude.

Comece agora!

Pegue seu celular e apague as fontes nocivas que consomem a sua atenção ou o direcionam para o lado negativo do mundo. Saia de grupos de mensagens ruins, mesmo que engraçadas, **elas estão te atrapalhando**! Pare de seguir pessoas ou perfis que te fazem sentir mal ou te coloquem para baixo.

Como um exercício, reduza a necessidade de enxergar as coisas ligadas à sua vida. Você já conhece bem o seu contexto, sua comunidade e seus problemas. Para criarmos uma nova vida, precisamos colocar nossa atenção em contextos e realidades que desejamos. Encontre fontes, lugares, objetos, cenários e pessoas que façam referência e remetam à vida que você quer ter.

Tenha coragem de fazer isso. Agora!

Será um belo exercício de aquecimento para o que faremos nos 30 dias de ação!

Esteja pronto para iniciar a mudança.

Premissa 10: Fé

A Fé que trago aqui é a Fé não-religiosa. Se você tem uma religião, e essa crença te traz força, coragem e etc., você pode utilizar os preceitos dessa religião para te impulsionar.

Dando um exemplo rápido: se você acredita que Deus é só amor e, portanto, te ama incondicionalmente, sem necessidade de que você o agrade ou bajule, e que Ele te apoia em tudo o que você executa, realizar ou não os seus objetivos é algo que depende apenas do quão grande é a sua fé.

Neste exemplo dado, a lei da coerência, que é uma lei interna muito forte, faz com que as pessoas mantenham ações coerentes com o seu discurso, principalmente quando são confrontadas utilizando este mesmo discurso. Algo como: *"Por que você está fazendo isso? Você acabou de dizer que é para se fazer o contrário, seu hipócrita"*. A pessoa faz de tudo para não entrar em contradição com o que ela mesma fala, ou seja, seu discurso. Entrar em contradição com seu discurso faz com que ela se sinta hipócrita ou exposta de alguma maneira. Ela precisa manter-se coerente (daí o nome de lei da coerência) com o que fala para si mesma.

Preciso explicar melhor, por favor, me acompanhe. Imagine que uma pessoa tenha muita fé em algo. Deus, Universo, Vida... Ela acredita que esse algo é a fonte mais poderosa e é criadora de tudo, ok?

Dentro dessa crença, a pessoa entra em conflito interno quando afirma que algo é impossível. Ao ser desafiada com a pergunta: *"Algo é impossível para Deus? Para o Universo? Para a Existência?"* surge o conflito. Para sanar esse conflito, deve existir um suporte para o otimismo. E existe.

Existe um suporte emocional para acreditar que as coisas podem mudar para melhor. Existe um apoio psicológico para que os pensamentos mantenham-se acreditando que tudo é possível.

Esse suporte é o poder da Fé. A pessoa terá de se manter coerente ao seu discurso. *"Se Deus é tudo o que há e posso tudo Nele, logo posso tudo em qualquer lugar e situação"*. A pessoa tenderá a se manter coerente sempre que for desafiada a encarar suas próprias crenças de fé.

Eu defendo que este suporte psicológico e emocional é o maior benefício que a fé traz. Qualquer que seja o objeto, religião, ou culto em que você tenha fé.

Você pode ter fé na sua "caneta da sorte" na hora de fechar negócios. Você pode ter fé no "Paletó Mágico" ou no "Guru da Montanha". Não importa.

O fundamental aqui é o amparo emocional e psicológico, que está muito além do religioso.

Por outro lado, uma fé pode ser controladora, manipuladora e te forçar a fazer coisas indesejadas. Neste caso, não serve para os fins deste livro, afinal, uma das premissas é de que o Universo (Deus, Vida, etc.) é maravilhosamente bom e apenas bom 100% do tempo. Se a sua religião te mantém coagido, amedrontado e com medo de desagradar a Deus, procure outra que te faça sentir melhor. Saiba que pelo menos 6 bilhões, ou mais, têm uma religião diferente da sua e, todos, sem exceção, estão sujeitos às mesmas regras no Universo.

Mas, voltando à questão do amparo, utilizando a fé desta maneira, amparando emocionalmente a si mesmo, a sua Vibração do Ponto de Atração tem mais facilidade para se manter firme e elevada.

Afinal, se você se considera amado e acolhido pela força criadora do Universo e tem a certeza ABSOLUTA de que ela é tua amiga, mãe e está dentro de você, o que mais poderia estar errado neste sentido?

Encontre algo para ter fé. Tenha fé em algo externo ou tenha fé em algo interno, em você, nas suas competências e intuições, não importa! Apenas tenha fé! É uma blindagem poderosa para proteger a sua energia e, como consequência, proteger todo o resto.

ESCASSEZ

Chegamos em um dos capítulos mais relevantes para nosso livro, em se tratando de Lei da Atração. Sabemos que ela é infalível, então, muitos se perguntam: "Por que ela não funciona comigo?". A resposta está na mentalidade de escassez.

A mentalidade de escassez é tão forte que muitos a utilizam como estratégia de vendas, fazendo com que você compre algo, ou tome alguma decisão, pelo simples fato de que a oportunidade pode deixar de existir e que você não terá outra chance de aproveitá-la.

Essa mentalidade de "Não teremos outra oportunidade (ou promoção, ou condição, etc.) igual" faz uso da sua mentalidade de escassez para que você tome uma decisão contrária à que gostaria.

Você pode acreditar que haverá sempre boas oportunidades, ou acreditar no contrário, que elas nunca aparecem para você e que você deve agarrar qualquer uma.

É um pensamento de escassez contra um pensamento de abundância, e isso faz toda a diferença nos seus resultados.

Você pode entender a sociedade como um todo, se ela é centrada em escassez ou em abundância. Quando viajo para os países mais desenvolvidos e prósperos do mundo, eu vejo que a abundância impera. O pensamento de abundância faz você acreditar que sempre temos tempo para as coisas, que sempre temos dinheiro circulante em quantidades absurdas e mais do que suficientes.

Você pode perceber a clareza dessa mentalidade nos comportamentos do trânsito, por exemplo. *"Não tenho tempo, não deixarei a pessoa passar na minha frente."* Ou nas pequenas gentilezas e generosidades. *"Posso dar o meu lugar para o próximo, porque SEMPRE aparece um novo lugar para mim". "Vou dar uma gorjeta boa para esta pessoa, pois, SEMPRE que faço isso, recebo mais".*

A mentalidade de escassez ou de prosperidade pode ser vista no dia a dia da pessoa. Suas ações mostram como ela pensa e o que atrai para si mesma.

Pois, afinal, não atraímos apenas o que pensamos. Atraímos, como vimos nos capítulos anteriores, aqueles pensamentos que também geram sentimentos. Se você se sente próspero, é o que atrairá.

Mas você não consegue se sentir próspero se compra, por exemplo, materiais e serviços falsificados e pirateados.

Se você quer ter prosperidade, você precisa ser capaz de valorizar as coisas e fazer o que uma pessoa próspera faria.

Ao comprar um óculos, por exemplo, roubado ou falsificado, você manda uma mensagem muito forte para si mesmo e para o Universo. Você diz que NÃO faz questão de TER O DINHEIRO para comprar o original. Você se contenta com uma cópia, ou mesmo, você se contenta com um roubado.

Veja. Você pode argumentar que um óculos original está muito caro e acima das suas condições de compra, mas que você o deseja muito.

É exatamente este o ponto. Este desejo deve ser usado como ferramenta propulsora do seu crescimento e da elevação da sua vibração. Pensar em como seria se tivesse o óculos, o que você pode fazer para tê-lo, como você pode crescer para alcançar.

Todos esses pensamentos elevam a sua vibração e, pela lei, você o receberá no momento certo. Algumas coisas tomam tempo. Mas a lei não falha.

Se você, ao contrário, focar no pensamento de escassez, você ficará pensando na ausência do óculos. Ficará ansioso (o que é um claro sintoma da mentalidade de escassez). Ficará pensando mais na falta do óculos do que na presença dele. Pensará em como você não tem dinheiro para comprá-lo e como isso te deixa frustrado e triste.

Se você pensa em frustração, impotência e falta de dinheiro, é exatamente isso que você atrairá. Se seu pensamento for de escassez, atrairá ainda mais escassez para sua vida.

Isso acontece com TODAS AS ÁREAS.

Na área de relacionamentos, você pode focar na ausência de um amor e isso trará ainda mais ausência, ou começar a imaginar e pensar nas coisas que gostaria de ter e fazer com esta pessoa incrível que está chegando até você.

O mesmo vale para o seu trabalho e para a sua forma de pensar a respeito dele. Da ausência de sentido e falta de tempo que ele te dá. Isso trará ainda mais do mesmo.

O discurso repetitivo sobre a escassez das coisas, em sua mente, faz com que você se condicione a acreditar que isso é uma verdade absoluta. Torna-se a sua visão de mundo e é o que você acaba vivenciando para que isso seja coerente com a Lei da Atração!

Mude seus pensamentos para abundância e prosperidade. Crie essa prosperidade.

Mentalmente, agora, se puder, veja as áreas de maiores desafios que você tem, pode ser qualquer uma. É algo que "falta", normalmente. Pode ser dinheiro, tempo, qualidade, propósito, pessoas, ideias, soluções.

Veja, neste contexto, qual o percentual de tempo que você verbaliza, fala, comenta ou pensa sobre a falta do que você tem precisado.

Imagine se você colocasse TODA A SUA ENERGIA (e pensamentos são uma forma de energia) no oposto. Na solução, na gratidão, na existência abundante daquilo que você precisa dentro do Universo (Ele tem tudo em abundância), etc. Como seria a sua energia se você só se centrasse nas coisas boas a respeito da realização? Imagine que aquilo que você tanto quer já tem solução e só é preciso encontrá-la, puxar o lado certo do nó, para que os problemas se desfaçam e tudo se resolva facilmente.

Claro, se você quer uma pessoa específica para amar, e não é correspondido, não existe uma abundância daquela pessoa. Mas como a Lei da Atração se baseia em sentimentos, existem MILHÕES de pessoas que podem dar a sensação que você busca, ou até outras ainda melhores que você talvez não conheça.

Este é o ponto! Quando focamos em escassez, achamos que existe apenas um caminho, quando focamos no pensamento de abundância, percebemos que existem milhões de caminhos.

As coisas mais incríveis que aconteceram em meu caminho foram realizadas de maneiras totalmente inesperadas. Acredite na abundância de possibilidades também.

Não existe apenas uma solução, existem várias. Existem várias maneiras de a mesma vibração ser alcançada ou até mesmo vibrações melhores que atrairão realidades ainda melhores!

Você não "PRECISA" de nada

Quando o assunto é escassez e ausência de mentalidade de abundância, o verbo "PRECISAR" é um grande indicador. Há uma grande diferença entre QUERER e PRECISAR. Você consegue perceber?

É diferente a SENSAÇÃO (que representa a sua vibração do Ponto de Atração) ao dizer "Quero mais dinheiro" e "Preciso de mais dinheiro". Intuitivamente, você consegue distinguir, porém, a maneira mais comum que as pessoas usam é *"Preciso de mais dinheiro"*.

O Universo, nesta hora, olha pra você e pensa: "Ué, você tem tudo dentro de você, não te falta nada, como você pode precisar de algo?". Ele é abundante. A mente de Deus (Universo) é abundante e próspera, nada falta.

Dizer que precisa de algo é entrar em contradição com a abundância do Universo. Ele fica "confuso", a vibração e, portanto, o sinal emitido, são contraditórios. Logo, não atrai o dinheiro, atrai mais da situação atual, que é a falta de dinheiro.

Já o Querer é poderoso. O desejo é uma das forças mais poderosas do Universo. Quando você quer algo, a sua vibração é elevada.

É diferente de precisar, de necessidade de urgir. Você quer! Tudo muda quando você faz essa mudança de vocabulário e de vibração.

Queira mais, queira alcançar, queira a pessoa certa, queira um novo trabalho, queira uma nova vida! Queira tudo. Você não precisa, pois nada te falta, você apenas deve Querer.

É incrível como a palavra e a ideia de Precisar de algo gera uma ansiedade enorme. É um sinônimo direto de que algo está em falta e você está olhando, observando e vibrando a falta deste algo.

Significa que você não tem. Não pode ter. Está incapaz e impotente. Todas essas afirmações são mentirosas na prosperidade da existência.

Você alimenta esse pensamento quando só abastece o carro com o tanque vazio. Quando só alimenta o amor após a briga do casal. Quando resolve ficar com a pessoa após a separação.

Você mantém essa mentalidade sempre que reforça o comportamento de "*PRECISA FALTAR PARA QUE EU ABASTEÇA OU ALIMENTE*". É a mentalidade que só cuida quando quebra e só dá atenção quando já está no limite.

A mentalidade da falta de manutenção. A mentalidade da falta de seguro e da imprudência.

Você vê? Em diversas áreas, a sua mentalidade de escassez manifesta-se. Você está imerso nela e tudo a sua volta gira desta forma.

Você poderia sempre andar de tanque cheio em seu carro e abastecê-lo de tempos em tempos, mantendo sempre cheio. Mas não, você só abastece quando está vazio, na reserva e em desespero.

Cuidar do corpo apenas quando tem uma festa, um evento, um "projeto verão". Novamente a mentalidade de escassez, do PRECISO CUIDAR e não do QUERO CUIDAR.

No final, isso impacta até mesmo nas suas finanças. A forma como você resolve economizar só quando está apertado ou só investir quando sobra algum dinheiro.

Nos seus negócios, você só investe em sua empresa quando o faturamento cai, não quando está bom.

Você manifesta a escassez quando você só ajuda a quem precisa e não ajuda a quem merece. Criando em seu subconsciente que você precisa estar em necessidade para receber ajuda. Você perde a humildade e acredita que só os necessitados e os que estão "precisando", precisam de ajuda. Não é assim.

Invista em ideias e pessoas que mereçam, mesmo que já tenham dinheiro ou recursos.

Crie a poderosa ideia em seu subconsciente de que MESMO QUEM ESTÁ BEM PODE RECEBER AINDA MAIS.

Esteja em estado de prosperidade.

Esteja com o tanque cheio. Mantenha a geladeira cheia.

Encha a garrafa de água. Tenha dinheiro na carteira, nunca fale "não tenho um real na carteira". Tenha sempre abundância como seu estado natural.

É difícil praticar isso, de tão arraigado que isso está em nossa cultura, mas podemos fazer alguns exercícios que já mudarão essa nossa forma de ver o mundo.

Nesta linha, quero dar algumas maneiras simples para você elevar, e muito, sua mentalidade de prosperidade!

O que você pode fazer para aumentar e começar a se condicionar em uma mentalidade de abundância:

1	Presenteie os amigos. Sempre leve algo ao visitar alguém, pode ser um simples doce. Não importa. É o ato de pensar em dar algo a alguém que fará a sua mentalidade mudar.

2	Ceda seu lugar para as pessoas, mesmo os jovens ou aqueles que tenham condições. Ser educado é uma forma extremamente próspera de viver.
3	Faça mais do que é pedido em seu trabalho. Fique 10 minutos a mais, por exemplo. Você tem todo o tempo do mundo, lembra-se?
4	Pare de falar que você PRECISA de algo. Você tem o Universo dentro de você, nada te falta. Dizer que precisa de algo é o ápice da escassez.
5	Faça caridade. Doe suas coisas não usadas. Você não precisa delas, ok? Doe seu tempo, seu conhecimento e dinheiro, mesmo que seja pouco. Você sempre tem em abundância e quantidades mais do que suficientes.
6	Seja GENEROSO. Muito além da caridade, é dar algo a alguém que não precisa. Você pode, e deve, presentear alguém que já tenha tudo. Você cria, deste modo, um pensamento de que *"Mesmo que tenha, continua atraindo mais e mais"*. Ou ainda, *"Não preciso estar em falta para receber presentes ou dinheiro do Universo"*
7	Mantenha o tanque cheio. Lembre-se, não é necessário estar em falta para que meu tanque encha. Faça o mesmo com a sua carteira. Tenha sempre dinheiro dentro dela.

8 Ajude os projetos dos seus amigos que estão dando certo. Ajude a quem merece, não a quem precisa. Isso mandará uma mensagem para o seu subconsciente de que você não precisa estar em dificuldades para receber ajuda.

9 Pare de reclamar. Isso não faz sentido se você tem as soluções todas em suas mãos e dentro de você. Apenas resolva os problemas!

Distribua, sobretudo, aquilo que o dinheiro não pode comprar. Distribua atenção, amizade, carinho, amor, alegria e sorrisos. Essa é uma forma de ser abundante EXATAMENTE AGORA.

Agradeça às pessoas que te servirem. Dê educação de graça. Distribua, na sua família, o sentimento de gratidão pela existência – sua e de todos.

VOCÊ RECEBE EXATAMENTE AQUILO QUE VOCÊ DÁ.

Você é o Universo.

Seja grato.

Essa é a mais elevada forma de pensamento de prosperidade do Universo.

DECLARAÇÕES

Centenas, talvez milhares, de livros falam sobre o poder das Declarações em nosso subconsciente e em nossa programação.

As afirmações positivas permeiam os livros de autoajuda e negócios desde a época de Napoleon Hill, mas é um conceito que remete aos tempos dos grandes filósofos anteriores a Sócrates. Acredito que os documentos mais antigos falam de Hermes Trimegistro, autor de grandes livros e ensinamentos, que estão desde 3000 a.C. desenvolvendo a habilidade de controlarmos nossos pensamentos e programações.

À exceção dos casos de deficiência auditiva, as pessoas são ensinadas, em 90% do tempo, por meio da audição. É impossível desligá-lo. Antes de saber ler, seus pais já falavam com você. Você escutava, reagia e recebia estímulos. Com esse mecanismo, você foi criando uma visão de mundo e, também, uma maneira de interagir e se comportar neste mundo.

Você, logo no início da sua vida, já sabia falar SIM, NÃO, QUERO, NÃO QUERO, entre outras palavras que, apesar de básicas, serviam para te trazer ou afastar de coisas desejadas ou indesejadas.

Posso te afirmar que você escutou muito mais “Nãos” do que “Sims” em sua vida. É quase que uma forma de proteção.

Desta maneira, você aprendeu a “Não falar com estranhos”, “Não querer se mostrar”, “Ficar quieto quando os outros estivessem conversando”, entre outras regras de conduta.

Algumas dessas regras

permanecem até hoje com você. Lembre-se de que não há, na natureza, uma divisão clara entre a infância e a fase adulta. Não é a idade que diz se você é um adulto ou um velho. É um estado de percepção e maturidade que pode ser desenvolvido em qualquer ponto da sua vida.

Sendo assim, muitas das suas programações de infância estão aí com você. Você as aprendeu e manteve até agora. Isso é natural.

Porém, é importante você entender que a criança não tem filtros. Se eu falar com meu filho de 3 anos que ele pode pular da janela que o Super Homem vai vir pegá-lo, ele pulará com alegria. A criança absorve tudo o que é dito para ela.

Se os pais falam que você é feio, mal-educado, bagunceiro, etc., você vai, aos poucos, concordar com isso e passar a representar este papel. Mesmo que inconscientemente.

Toda criança que é tida como bagunceira e problemática na escola, escuta cada vez mais essas afirmações a seu respeito e, sem perceber, começa a criar uma autoimagem que seja coerente com o que ela escuta.

Isso é muito antes de ser formada uma ideia racional de autoimagem, é algo que o ser humano faz quase como que naturalmente.

Se minha família é católica, eu acabo criando, de forma natural, uma mentalidade católica. Afinal, como criança, nem acesso a outras informações eu tenho. Se eu aprendo com meus pais que o mundo é uma guerra e que tenho que bater em meus amigos para conseguir o que quero, devolver com outra mordida, quando algum coleguinha me morder, é isso que farei quando me agredirem.

Assim é formado o caráter e a personalidade da criança.

No final, você, em seus primeiros anos, é o reflexo exato dos seus pais, ou daqueles que fizeram as vezes deles. Podemos dizer muito sobre os pais ao ver os filhos nas primeiras fases. Até os 7 anos, eu diria.

POR MEIO DOS FRUTOS NÓS PODEMOS CONHECER A ÁRVORE.

Ok, por que isso tudo é importante? Te respondo em uma palavra: PROGRAMAÇÃO.

Você foi programado (sei que a palavra é forte) para se comportar de uma determinada maneira. Eu tenho amigos empresários que, normalmente, são filhos de empresários. São meus amigos mais prósperos. Eles nunca pensaram em ter um emprego, pois, em suas casas, seus pais sempre criaram empregos. Sempre tiveram "a empresa da família".

Outros, sempre viram os pais saírem e chegarem de casa no mesmo horário, e acreditam que é assim que deve ser feito. Afinal, os super-heróis deles faziam assim.

Então, essas programações fortemente arraigadas precisam ser mudadas e, dentre as técnicas existentes, a que está ao seu alcance neste exato momento é a AFIRMAÇÃO positiva.

Você pode fazer terapia, contratar um Coach, mudar de círculo de amigos, fazer hipnose, treinamentos de imersão e outras ferramentas para mudar suas crenças e programações, mas as Afirmações Positivas são as ferramentas mais acessíveis e poderosas disponíveis para qualquer pessoa. Vamos falar delas e como utilizá-las.

Você primeiro precisa levar a sério o uso delas. Cada vez que você fala algo "pra fora" ou "pra alguém" você está falando também para si mesmo. Não existe "lá fora", você é sempre o primeiro a escutar o que diz e isso acaba reforçando uma visão de mundo.

Essa visão de mundo reforçada é, como já falamos inúmeras vezes, o sintonizador da sua vibração e, consequentemente, criadora da sua realidade. Cuide muito do que sai de sua boca.

Afirmações Positivas

Tenho quase certeza de que você já ouviu falar sobre afirmações positivas e sobre como repetir frases e palavras para si mesmo te ajudam a mudar seus condicionamentos. Na grande realidade, isso vai um pouco além. Tem a ver com o conceito poderoso que eu trouxe no Livro LifeCoaching vol.3, a Lei da Coerência, uma das forças mais poderosas dentro da sua psicologia interna.

Você pode usar muitas formas de fazer suas afirmações positivas e alterar sua percepção, seu Ponto de Atração e o mundo ao seu redor.

Eu, por exemplo, uso alertas em meu celular. Ao longo do dia, eu programo diferentes alarmes que me fazem parar, ler e, por alguns instantes, criar a cena em minha mente. Tenho alertas que já estão na "realidade desejada". Alertas como "Agradeço por ser um escritor reconhecido e *Best Seller* internacional", por exemplo.

Às 22h45, todos os dias, eu tenho um alerta ótimo: "Agradeço pelo dia maravilhoso que tive! Meus dias sempre melhoram.".

Você pode criar os seus!

Outra forma maravilhosa para se fazer declarações é orar. As orações e rezas surgiram com o propósito de acessar forças inconscientes poderosas, reforçar seus condicionamentos (principalmente os de fé) e elevar os estados de espírito, o que sabemos que eleva sua vibração e seu Ponto de Atração.

Para melhorar ainda mais, você pode escrever! Você, ao escrever, está 100% com sua atenção no que está fazendo. Está atento e colocando foco. Não à toa, muitos exercícios para a Lei da Atração envolvem escrever listas e frases. Listas de gratidão, afirmações positivas, sonhos e desejos e etc.

Não menospreze isso. Faça! Você não está lendo este livro para não fazer os exercícios, não é mesmo? Você quer mudança, comece mudando o que pensa a respeito disso.

Encare com mais seriedade. Um pequeno salto em sua vibração, de forma positiva, pode mudar grandes coisas em sua vida!

Sugiro você a fazer, agora, uma lista de gratidão, encontrando, mesmo que tenha que procurar bastante, motivos para agradecer à sua vida. Quero também que você se dedique com empenho, na parte II deste livro, onde faremos 30 dias de exercícios.

São fundamentais.

Agora, entretanto, preciso, URGENTEMENTE, te ensinar algo importante. Talvez o próximo tópico faça sua mente abrir radicalmente e já faça valer a pena este livro.

Aprenda a "rezar"

Como assim, Mario? Eu sei rezar! Minha mãe me ensinou desde criança!

Calma, venha comigo e me acompanhe no raciocínio, é um erro sutil e muito comum.

A reza, tanto pelo momento de tranquilidade como pela fé e crença colocada, impacta muito o seu ponto de vibração. É um momento de muita concentração e foco. Poderíamos dizer que é uma pequena meditação.

Sendo assim, o que você diz, pensa e imagina, no momento da oração, é uma construção mental poderosa.

Algumas pessoas rezam da seguinte maneira: *"Senhor, por favor, ajude meu filho que sempre se mete em problemas. Ele precisa da sua força, Senhor, para que se livre dos amigos ruins que estão sempre com ele e infernizam a cabeça dele."*.

Pare por um instante e analise a prece acima. Você percebe como ela é negativa? Mesmo sendo uma coisa linda e um momento de conexão com Deus, a pessoa que está orando, está atraindo mais problemas e mais amigos ruins para infernizarem a cabeça do "pobre coitado" do filho.

Veja, na hora de se conectar com a maior fonte do Universo, você tem que "rezar certo"! Você está pedindo para o frentista colocar gasolina aditivada em seu carro, mas a direção é você quem dá.

Uma prece dessas, mais atrapalha do que ajuda.

Sua oração não deve ter sentimentos de medo, escassez, falta ou, ainda, necessidade. Lembre-se do preceito e da mentalidade de escassez da qual falamos há alguns capítulos: VOCÊ TEM TUDO DENTRO DE VOCÊ, nada lhe falta.

QUEIRA SER AJUDADO POR MERECER, NÃO POR PRECISAR!
(MARIO MEIRELES)

Sendo assim, a forma certa de orar e fazer suas preces deve ser positiva, visualizando o que você deseja e se colocando como próximo à Deus e ao Universo. Não há tal divisão.

A oração acima, com a intenção de livrar o filho das más companhias, poderia ser feita de outra forma, por exemplo: *"Obrigado, Senhor, por sempre proteger meu filho e dar oportunidades para que ele aprenda com as dificuldades e se fortaleça. Eu o vejo forte e capaz, encontrando amigos, pessoas e oportunidades que o impulsionam para frente e o fazem feliz. Ele é um bom menino e merecedor de todas as bênçãos. Obrigado, Senhor"*.

O interessante de agradecer, além da ótima vibração que traz, está no fato de que, ao agradecer, você coloca toda a sentença no passado. Isso remete a algo que já aconteceu e você se posiciona como uma certeza de que isso já é uma verdade.

Tudo isso traz uma força de realização enorme para o seu pensamento.

Aprender a orar e a rezar fará com que suas orações te tragam bons sentimentos. Sentimentos de capacidade, força, poder e conexão com o Divino. Neste estado, nada será impossível para você.

Ore sempre, ore muito.

TENHA FOCO SEMPRE NO POSITIVO! COLOQUE TODA A SUA ATENÇÃO NESTE PONTO. TODA!

Use isso para condicionar ao máximo a sua mente!

FISIOLOGIA

Vamos lá! Falar sobre fisiologia, dada a sua complexidade, pode levar uma vida inteira. Existem profissionais que dedicam suas vidas à compreensão e detalhamento dos processos fisiológicos no nosso corpo.

Com relação ao *Coaching,* graças à sua visão prática das coisas, nosso foco não é o aprofundamento no tema fisiologia, e sim o uso dela para nos movermos em direção ao que estamos buscando deste processo.

Acredito que aqui, de qualquer modo, vale colocar uma definição mais formal sobre o que é Fisiologia.

{Fisiologia: *substantivo feminino.* Estudo das funções e do funcionamento normal dos seres vivos, especialmente dos processos físico-químicos que ocorrem nas células, tecidos, órgãos e sistemas dos seres vivos sadios.}

Agora que você e a definição de fisiologia estão apresentados, vamos ao que interessa. Nosso livro está centrado em te ajudar a usar a Lei da Atração com as ferramentas do *Coaching*. **A fisiologia, para nós, é uma dessas ferramentas.**

O nosso cérebro, essa máquina maravilhosa que carregamos para lá e para cá, é um dos órgãos que mais consomem energia em nosso corpo. É incrível! Ele realiza milhões de operações simultaneamente.

Um simples ajuste na poltrona (como o que eu acabo de fazer) exige dele uma série de informações que são encaminhadas por todo o meu corpo.

As informações, sinais elétricos e bioquímicos, estão dentro da área da fisiologia.

Você não consegue, por conta própria, entrar em seu cérebro e dar um comando, você precisa usar a fisiologia.

Quando alguém usa drogas, está alterando a fisiologia. Quando você toma um vinho para ficar mais solto, você muda a sua fisiologia.

Quando você corre durante 2 horas, faz sexo, dorme, alimenta- se e etc., você muda a fisiologia.

Essa mudança de fisiologia e bioquímica muda, QUASE QUE IMEDIATAMENTE, o seu comportamento.

É justamente por causa dessa ligação próxima entre Fisiologia e Comportamento que somos quase que obrigados a falar sobre isto em um livro que trata de como otimizar o uso da sua mente para realizar o que se quer.

Você já reparou como os treinadores de cursos de imersão em mudanças de hábitos fazem você pular e bater palma? Caso você nunca tenha participado, saiba que isso é algo natural nesse tipo de treinamento. E é justamente por isso. É impossível você manter um estado de energia e, portanto, atenção baixos quando você acabou de pular por 30 segundos.

As crianças aprendem muito e mais rápido justamente porque estão sempre em movimento, sempre se mexendo.

"PARA UMA CRIANÇA, FICAR PARADO É UMA FORMA DE CASTIGO".

Mario Meireles

Pense a respeito disso. Uma criança sofre ao ficar parada.

O cérebro dela entende isso como algo impossível. Ela precisa de movimento, de uso, de ação de demanda.

Essa demanda faz com que o nosso cérebro fique constantemente imerso em uma sopa bioquímica e em um alto grau de atividade. É belíssimo ver o processo e a velocidade de aprendizagem de uma criança.

Conforme o tempo vai passando e você se vê na outra ponta da vida, a sua atividade fica menos intensa, todos os processos fisiológicos também.

O movimento é fundamental para a manutenção e qualidade de sua vida.

Nada tem causado mais mortes no nosso mundo do que o sedentarismo. Um corpo sedentário é fruto de uma mente igualmente sedentária. Claro que há exceções. Mas ao ver pessoas que são ativas, empresárias, bem-sucedidas, engajadas com a sociedade, adeptas do Yoga, triátlon e muito mais, eu penso que existe sim um patamar de ação muito além da média. Se milhares de pessoas conseguem, você também consegue.

Não quero que você se torne um maratonista, calma! Quero te convencer da importância de se movimentar e de ativar a fisiologia para a saúde do seu cérebro e da sua mente (são entidades separadas).

A grande maioria de nós sabe como é difícil se concentrar em uma leitura após uma noite de festa com muito álcool. Tente estudar de ressaca, ou correr. É difícil. As dores de cabeça, diferentes de um chute com o dedinho no pé da cama, são dores bioquímicas.

Interessante, né?

Você já deve imaginar aonde este capítulo vai dar. Se faremos 30 dias de HIPERFOCO utilizando as ferramentas de Coaching para aplicar a Lei da Atração, precisamos incluir um cuidado especial para a questão da fisiologia.

Você pode passar 30 dias de ressaca e falar, *"olha, não consegui realizar os exercícios"*. Ou ainda não colocar explosão e entusiasmo em suas visualizações. Mas assim, você não vai aproveitar todo o potencial do conteúdo deste livro.

E sim, teremos que encenar e reagir fisiologicamente às visualizações que criaremos em nossas mentes. Parece besta, mas é mais sério do que imaginamos.

Fake it until you make it

Em sua famosa palestra na *TED Talks*, de 2012, que, hoje, em diferentes canais, já superou a marca de 50 milhões de visualizações, a Dra. Amy Cuddy chocou o mundo com os resultados de suas pesquisas.

Muitos anos antes dela, outras pesquisas no campo de estudos contra a depressão usaram princípios parecidos, utilizando o corpo e movimentos específicos, para equilibrar os níveis hormonais e fisiológicos das pessoas estudadas.

O que a Dra. Amy realizou, entretanto, foi algo muito mais prático para nosso dia a dia. Partindo de duas premissas conhecidas na área do comportamento social e da neuropsicologia, ela chegou a conclusões incríveis.

Ela partiu das seguintes premissas já comprovadas:

1

A nossa linguagem corporal, não-verbal, é responsável em grande parte pelo modo como as outras pessoas nos avaliam e nos julgam, além de mudar a maneira como elas se comunicam conosco, verbal e não verbalmente.

2

Nossa mente afeta nosso corpo. A natureza psicossomática do ser humano já é estudada há muitos anos e está mais do que provado, principalmente por meio de testes placebo, que a mente é soberana ao funcionamento do corpo.

Apoiada nessas premissas, Amy fez as perguntas certas que abriram um enorme campo para estudo e entendimento.

1

"Será que a nossa linguagem corporal afeta a maneira como nós avaliamos e olhamos a nós mesmos?"

2

"Será que o inverso também acontece? O corpo afeta a mente?"

Dra. Amy desejava saber se essas perguntas poderiam ser respondidas de maneira além do filosófico e do metafísico. Ela não queria saber apenas se o corpo afeta nossos pensamentos ou sensações. Isso é quase intuitivo, sabemos disso.

Na busca por essas respostas, ela conduziu um experimento interessante. Ela mediu dois hormônios: Testosterona e Cortisol. Ambos extremamente associados à liderança e ao famoso "Macho Alpha".

Por exemplo: quando você está em estado de *stress*, seu cortisol está elevado e a testosterona baixa, o que afeta diretamente a qualidade do seu julgamento a respeito da situação na qual você está presente, altera o seu comportamento e, claro, a sua autoimagem.

Quando observamos qualquer mudança na combinação desses dois hormônios, toda a cadeia lógica (estímulo-resposta) será alterada. Você terá outro olhar sobre si mesmo.

Também é comprovado, segundo a Dra. Amy, que indivíduos que são colocados subitamente em posições de liderança nos seus trabalhos, em pouco tempo, percebem uma mudança drástica nos dois hormônios. Percebem um aumento de testosterona e uma redução do cortisol. Uma característica típica de líderes.

Essa combinação de testosterona alta e cortisol baixo torna as pessoas mais propensas a arriscarem e apostarem mais, deixam-nas mais otimistas e com o pensamento mais positivo. Empreendem mais e obtêm melhores resultados.

Sendo assim, o que ela tinha vontade de pesquisar (e fico feliz que ela o tenha feito) era se o seu corpo, e os movimentos que você faz com ele, poderiam afetar a sua fisiologia diretamente, a ponto de ser mensurável nos níveis hormonais desses dois importantes hormônios que influenciam o comportamento humano, pessoal e social.

Em seus estudos, foram medidos os níveis dos dois hormônios nos participantes. Participaram do estudo, homens e mulheres.

Após essa medição, eles foram instruídos a ficarem com seus corpos por 2 minutos em uma posição de poder, por exemplo, com os braços esticados em V, como se estivessem celebrando, ou com os braços atrás da cabeça e relaxados na cadeira, inclinando-a para trás.

Apenas 2 minutos, foram suficientes para o corpo entender que o participante estava numa situação de controle e poder. (Leia novamente para entender o quão importante é isso!). E no mesmo intervalo de tempo, seu corpo entendeu que estava numa situação confortável e tranquila. Isto foi comprovado por meio da medição, após este curto intervalo de tempo, dos dois hormônios.

Dra. Amy Cuddy conseguiu medir aumentos súbitos de testosterona de até 25% e quedas no cortisol de até 15%.

Um resultado impressionante, provando a velocidade rápida da resposta do corpo e de sua mudança bioquímica.

Veja, preciso ser bem direto com você agora. Exatamente como a Lei da Atração, não importa se você acredita, entende ou concorda. Essa característica está no seu DNA, no código básico de funcionamento do seu corpo.

Se você pudesse ler o manual de instruções do seu corpo, lá estaria escrito: **"Coloque-se em posição de relaxamento, por pelo menos 2 minutos, para ativar a produção de testosterona".** Simples assim.

Você tem uma escolha de usar, ou não, isso a seu favor, para equilibrar seus estados emocionais e também sua saúde.

Isso será FUNDAMENTAL durante os dias em que passaremos em nossa parte prática. Imagine como será ótimo manter o seu nível de *stress* baixo e também aumentar a sua testosterona na hora de decidir suas ações?

Um raciocínio mais assertivo, mais confiante, mais relaxado, aumenta muito as suas chances de acertar nas decisões e também de realizar as ações corretas.

E se pararmos para pensar, os resultados da pesquisa da Dra. Amy Cuddy trouxeram esses números para apenas 2 minutos em posição de poder. Imagine se você se dedicar 3, 4, 5 minutos em diferentes momentos do dia.

Você se sentirá um super herói, a mulher maravilha ou algo assim. Este poder está em suas mãos agora.

Não menospreze. Não ignore. Não o desrespeite.

Use-o. Durante nosso processo de 30 dias, usaremos nosso corpo para equilibrar os estados hormonais.

Sorria

Obviamente, em um seminário presencial, posso fazer você pular, bater palmas, cantar, movimentar-se e elevar facilmente os seus estados fisiológicos. Isto ajuda no treinamento e no seu empenho durante os dias em que passamos juntos. Contudo, em sua casa, você pode ter dificuldade de fazer isso.

Às vezes, temos vergonha das pessoas que moram com a gente. Às vezes, podemos nos sentir bobos e constrangidos e, portanto, não fazermos isso. Eu entendo você. Me senti assim até entender que valia a pena "pagar esse mico".

Você pode fazer no banheiro. Em frente ao espelho, sozinho, sorria. Fique em posição de poder, com as mãos na cintura como se fosse o Super-Homem, ou mesmo levante os braços e comemore uma vitória imaginária. Coloque-se em estado de fisiologia elevada e prazerosa.

Isso, certamente, aumentará sua produtividade e seu rendimento.

Faça isso algumas vezes durante o dia. Apenas dois minutinhos já é o suficiente. Não fique preocupado de demorar um pouco a mais no banheiro, ninguém está prestando atenção nisso. Preocupe-se em estar sempre em sua melhor acuidade mental e intelectual.

Isso é o que realmente importa!

Sorria, também, ao acordar, na cama, por um minuto. Isso já fará uma diferença no seu dia. Será prazeroso e, pode acreditar, mudará toda a história do seu dia.

Tom de Voz

Durante um curso de hipnose, eu aprendi que nós respondemos muito mais ao tom da voz do que às palavras em si. É o tom que diz se algo é sério, rude, grave ou irônico. Na realidade, o tom da voz diz quase tudo. Um simples "nhé" com tom de desdém, pode acabar e estragar toda uma conversa.

Sendo assim, vale a pena incluir, aqui, este curto tópico.

Ao fazer as suas afirmações, use os tons corretos. Os mais influenciadores para a nossa Psique são os tons: Maternal, Paternal e Sensual.

Veja qual funciona melhor para você. Você pode falar algo para si mesmo com um tom carinhoso, amável, calmo e sensível, como uma mãe falaria. Você também pode usar um tom de comando, ordem, rigidez, força e firmeza, como, talvez, um pai falaria.

Escolha um tom que combine mais com o que você gosta e funciona para você. As pessoas, ao descobrirem o tom ao qual você responde melhor, podem usar isso para te convencer com mais facilidade. É algo interessante de se perceber, a forma como respondemos aos tons de vozes das pessoas.

Observe-se e conheça-se, assim você pode estar no controle de si mesmo o tempo todo.

AUTOPERDÃO

Este capítulo estava, inicialmente, dentro das premissas da Lei da Atração, mas por ser um tema sensível e merecer concentração, achei melhor dar um capítulo inteiro a ele.

Talvez você, leitor, seja como eu. Normalmente, aproveito os capítulos e subcapítulos para fazer pausas na leitura e utilizá-los como pontos de marcação, além de também não atrapalhar o raciocínio da leitura.

Quando falamos sobre Autoperdão, tendemos a cair nos clichês das leituras motivacionais. Quem conhece meu estilo de escrita e trabalho, sabe que não gosto disso. Não quero que você entenda isso de maneira leviana, é preciso ir além.

De forma resumida, você precisa se perdoar para que se julgue merecedor de todas as bênçãos deste mundo. Do contrário, o sentimento de CULPA ou de PUNIÇÃO fazem com que você deixe sua vibração abaixo do ponto certo para atrair o que deseja.

É sutil, assim como o refinamento do Universo, o ponto no qual você se reprime e, inconscientemente, se repreende, boicotando a sua manifestação.

Parece besteira, mas não é.

Um pequeno desalinho já é suficiente para que você atrapalhe a manifestação do Universo. Você pode perceber esses pequenos desalinhamentos em frases como:

- É bom demais para ser verdade.
- Eu não mereço tanto.
- O que eu fiz para ter tanta sorte?
- Eu vou pagar pelos meus pecados.
- Isso é muito para mim etc.

São pequenos pensamentos que, de algum modo, consideram que você não merece a recompensa, o presente ou mesmo a manifestação do Universo.

Quando você, por causa de sua criação, educação ou cultura social, sente que "ao errar, não merece ser amado ou presenteado", isso fica extremamente arraigado no seu subconsciente.

Algumas culturas te consideram sempre em débito ou em falta com Deus e o Universo. É uma batalha que você não consegue vencer. Já nasceu não merecedor e, agora, se quiser o amor do Divino, precisa se redimir e se comportar direitinho.

Veja, não sou contra religiões, mas sou DECLARADAMENTE contra a humanização de Deus e do Universo. Eles não têm ressentimentos ou tristezas com relação a você. Não! Deus é apoiado em puro amor.

Quando você pede desculpas sinceras, está feito, Deus escutou (afinal, Ele sempre escuta) e já estão aceitas. Ele entendeu a sua sinceridade.

O ponto é VOCÊ se perdoar para que possa aceitar ser presenteado pelo Divino.

Ao fazer este Autoperdão, você permite sua autoestima a voltar para os níveis iniciais, àqueles com os quais você já nasceu tendo. Sabendo que merece o amor de todos, que pode ter o melhor deste mundo e permitindo que isso se manifeste em seu caminho.

Perdoar-se abrirá para você um novo campo. Leve, alegre, livre de culpa por seus próprios erros.

Uma excelente lição, agora, é ligar para as pessoas que você ama e, que de algum modo você machucou ou feriu, e pedir desculpas sinceras.

Faça isso. Não porque é necessário. Não é. O papo da Manifestação é sempre entre você e o Universo, você e Deus, mas, a outra pessoa, que talvez não tenha este entendimento, ela será muito grata à sua ligação e ao seu pedido de desculpas.

Talvez você escute algumas palavras pesadas de resposta. Você pode simplesmente dizer *"Eu vejo, pela sua resposta, que eu realmente te magoei. Não tenho mais o que fazer com relação a isso, quero pedir, novamente, minhas sinceras desculpas e nos tornar livres desse fardo."*.

Claro que existem casos e casos, mas este é um exercício de perdão, de humildade, de aceitação e, por final, de transcendência dos sentimentos de culpa, vergonha, medo e não merecimento.

Faça as pazes consigo mesmo, encontre um lugar de paz e merecimento dentro de você.

Apenas essa atitude já elevará a sua vibração e, portanto, seu Ponto de Atração, grandemente. Confie nisso.

Perdoe-se! O Todo, Universo, Deus, etc., te ama de um

jeito que talvez você não compreenda e nunca tenha amado alguém assim antes. Mas Ele te ama de tal modo que até mesmo seus maiores erros podem ser perdoados.

Acredite nisso. Viva isso. Manifeste a vida que você Merece.

Você não está lendo isso à toa.

Desumanize Deus

É sempre bom reforçar esta temática. Nas premissas, falamos sobre isso, e neste capítulo sobre autoperdão também é importante falar.

O Todo, Deus, o Universo, como queira chamar, não pensa igual às pessoas. Não fica remoendo as questões ou mesmo os pontos sobre se deve, ou não, te perdoar.

Não consigo imaginar Deus pensando *"Ah, lá vem o Mario pedindo perdão novamente... Hum, deixe-me ver se eu vou perdoá-lo nos próximos dias. Talvez eu o perdoe mês que vem, pois este mês é final de ano e está corrido. Quem sabe se ele fizer tal e tal coisa, eu acelere o processo. Mas até lá, não estará perdoado e tudo dará errado para ele. Decidido"*.

Parece até engraçado, mas se humanizássemos Deus, é assim que ele pensaria, como um ser humano normal, com prioridades, procrastinações, regras, julgamento e sentimentos variados.

Mas, para a nossa sorte, as regras são claras e o Universo não funciona assim.

Ele sempre escuta. Sempre atende. É sempre na hora.

Sempre eficiente e preciso.

Quando você pede desculpas sinceras, está feito! Não precisa de um protocolo de recebimento de pedido, levar a um cartório e reconhecer firma. JÁ ESTÁ FEITO.

A partir desse ponto, até que você metabolize isso dentro de você, é outra história. A velocidade de manifestação, seja em uma década, ou de um dia para a noite, como em um milagre, depende dessa sua permissão para deixar a força do Universo agir.

Lembre-se, Deus, criou trilhões de galáxias. Ele consegue resolver o seu problema.

Desde que você o resolva dentro de si. Afinal, é a sua vida, sua liberdade e a você é dado todo o amor e permissão.

Amor para permitir que você erre, tropece e caia.

Amor para permitir que você aprenda, entenda e manifeste.

"AME-SE IGUAL DEUS TE AMA E VOCÊ MANIFESTARÁ MILAGRES."
Mario Meireles

RITUAIS

Seus rituais existem, mesmo que você não saiba. Você tem a tendência de fazer as coisas no automático. Acordar do mesmo jeito, levantar da mesma maneira. Escovar os dentes da mesma forma, colocar a escova nos mesmos lugares, da mesma maneira.

As escolhas para o café da manhã são sempre parecidas. Você vai para o trabalho, escola, faculdade, etc, pelo mesmo caminho.

Enfim, são dezenas de decisões que você já tomou um dia e, por terem dado certo, você não quis mudá-las. Seu cérebro aceitou- as como válidas e, hoje, estão no automático. Você se condicionou.

Existem muitas teorias sobre como isso acontece. O livro "O Poder do Hábito" (que eu fortemente recomendo) colocou de forma evidente todos os estudos realizados nesta área. São muitos estudos feitos por empresas que querem entender como tornar uma pessoa fiel aos seus hábitos e também aos seus produtos e negócios.

É uma leitura valiosa, pois aumenta o seu Autoconhecimento e coloca luz aos seus hábitos.

21 dias

Dentre essas muitas teorias, existe um número "mágico",

o número 21, que seria a quantidade de dias que você precisaria para um novo hábito se tornar automático.

Apesar de eu nunca ter lido nada oficial, mesmo tendo procurado, esse número, segundo dizem, veio de um estudo realizado pela NASA. Ao colocar óculos que invertiam as imagens, para estudar o efeito de se ver o mundo de ponta cabeça, após 21 dias usando esses óculos, o cérebro dos astronautas do estudo teria se modificado. Ele passara a "desvirar" a imagem dos óculos, fazendo com que, mesmo a imagem sendo transmitida de forma invertida, os astronautas enxergassem de forma correta por uma alteração natural e espontânea do cérebro. Este estudo, que eu quero muito ler caso seja real, trouxe o famoso número 21.

Outros estudos dizem que são necessários 30 dias.

Por experiência, eu posso dizer que o número pouco importa. Importa mesmo a sua decisão e a força EMOCIONAL colocada nela.

Quando decidi parar de comer carnes de todos os tipos, inclusive peixes, eu mudei de um dia para o outro. E, por causa da decisão, desde o dia 05 de setembro de 2015, nunca mais repeti o ato de comer carne. Foi tão marcante que lembro até a data.

Acredito que ter algum tempo de dedicação consciente a um novo hábito, pode ajudar você a chegar consciente e inconscientemente ao entendimento de que ele é melhor para você e traz mais benefícios. Esse entendimento, visto e entendido como recompensa pelo seu cérebro, facilita a consolidação do novo hábito e do novo ritual.

O que precisamos fazer é prestar atenção aos seus rituais atuais e aos resultados que eles trazem. Alguns trazem resultados positivos e outros negativos.

Vou transcrever aqui alguns trechos excelentes do Livro Life Coaching vol.1 – Equilibrando as 7 áreas fundamentais da vida.

Estes trechos falam sobre condicionamento, sobre hábitos, e como esses dois aspectos são fundamentais para o sucesso pessoal, profissional, familiar, profissional e muito mais, além de terem impactos diretos na sua saúde.

Condicionamento

Exatamente como foi dito há algumas linhas, é isso que devemos fazer com os nossos novos hábitos desejados: **Condicioná-los por meio do uso e da repetição.**

Tudo é uma questão de ritmo, de fazer de forma contínua até se tornar prazerosamente habitual.

> "SOMOS O QUE FAZEMOS REPETIDAMENTE. EXCELÊNCIA, PORTANTO, NÃO É UM FEITO E SIM UM HÁBITO".
> (ARISTÓTELES)

Quem somos nós para irmos contra tal afirmação? Todos sabemos, mesmo que intuitivamente, que isso é verdade. Aquilo que praticamos se torna cada vez mais fácil e só obtemos a excelência com muita dedicação. Isto é normal.

O que é um pouco esquecido das pessoas, e por isso tocamos nesse tema, é que o contrário também é verdade. Se não utilizarmos um músculo em nosso corpo ele se atrofia, o mesmo vale para o cérebro, a atrofia também acontece nos pensamentos.

O que você não usa, você perde. Inclusive a inteligência, a criatividade e outras características suas.

Vou provar que isso é verdadeiro.

Quero que você **se lembre de uma característica sua que você "perdeu"**. Uma que você se orgulhava de ter e hoje você acredita que não tenha mais.

Consegue se lembrar de alguma?

Provavelmente você a perdeu por deixá-la cair em desuso.

Talvez você já tenha sido um bom guitarrista, um grande skatista ou jogador de algum esporte. Lembre-se dela e faça dela um laboratório.

Use-a para entender como você pode quebrar o padrão. Se você perdeu um hábito que amava, você pode perder um hábito nocivo e do qual não goste!

Neste exercício, comece a focar nessa característica que você "perdeu", mesmo que precise escrever em um lugar, colar um aviso na tela de seu computador ou colocar alarmes em seu celular diariamente, em pouco tempo as coisas vão mudar.

Garanto que com um pequeno esforço e força de vontade, você irá retomar essa característica. Caso não seja uma atividade, e seja uma virtude, por exemplo, o exercício também vale. Pode ser, por exemplo, alegria, honestidade, fidelidade, amor próprio, paciência, não importa.

Você perceberá a mudança. Novas situações começarão a surgir para você colocar à prova essa sua boa e velha característica. Você terá a oportunidade de praticá-la e exercitá-la. A vida opera desta maneira. O que você procura, você acha.

Faça este pequeno laboratório. Aprendendo a condicionar uma característica, você conseguirá condicionar todas as outras.

TRÊS ÚLTIMOS PONTOS VITAIS

Antes de entrarmos na parte prática, para fechar este nosso entendimento das premissas e do funcionamento do Universo, é importante reforçarmos e falarmos de três pontos vitais.

Permissão e confiança

O Universo tem infinitas possibilidades e maneiras de entregar aquilo que você quer. Ele encontrará a melhor, mais rápida e mais eficiente forma. Muito provavelmente será diferente da que você estava imaginando.

Nesta hora, não tente controlar o Universo, apenas permita. Esta parte é muito desafiadora. Permita. Se você for sincero e verdadeiro consigo mesmo durante o pedido, você ficará feliz com o resultado.

Algumas vezes, muito provavelmente, para chegar aonde você quer, o Universo necessite realizar grandes mudanças em sua vida. Pode ser que você queira um extremo sucesso profissional e, para que isso seja possível, você precise ser demitido de seu emprego atual e possa, aí sim, atrair a empresa certa onde você realizará seus sonhos.

Este exemplo ilustrativo pode aparecer em diferentes áreas, apenas confie no processo. Observe as mudanças, siga o GPS emocional e entre em ação quando sentir que deve.

Sucesso

Sucesso não é algo que você constrói. Logo, muito trabalho árduo pode ser, por vezes, apoiado na premissa da escassez. Veja, talvez você acredite que PRECISA trabalhar muito para alcançar algo.

Outra possibilidade é você acreditar que o trabalho árduo, sofrido, fará você MERECEDOR daquilo que busca.

São crenças.

Claro que você deve trabalhar firme, forte e buscar seus objetivos. Porém não é necessário sofrimento. Sofrimento é você descendo na escala vibracional.

Se pudéssemos traduzir essa "descida" de escala emocional em uma emoção, seria justamente essa: Sofrimento.

Ele serve para indicar que você está indo contra o fluxo. Preste atenção na mensagem que ele quer te passar.

O verdadeiro sucesso é prazeroso.

SUCESSO NÃO É ALGO QUE VOCÊ CONSTRÓI. SUCESSO É ALGO QUE VOCÊ ATRAI. O QUE VOCÊ CONSTRÓI É O CARÁTER E A PERSONALIDADE QUE ATRAI ESTE SUCESSO.

Mario Meireles

Rotina de Excelência.

Rotina de excelência é um tema sobre o qual vale a pena escrever um livro inteiro a respeito. Trata-se de você listar todas as tarefas que são fundamentais para alcançar os seus objetivos e realizá-las diariamente, mesmo que sejam coisas pequenas como "tomar cinco copos de água".

Aqui, em nossa rotina de excelência, por 30 dias, colocaremos ações pequenas, mas que trazem um grande resultado, se feitas todos os dias.

São os 5 primeiros minutos e os 5 últimos minutos do dia, onde trabalharemos para elevar a sua vibração e sua energia.

Usaremos também as visualizações. Criar as imagens em sua mente para que elas também causem reações no seu corpo e na sua energia. A mente tem esse poder. Se você pensar em coisas boas, hormônios e reações químicas são liberadas em seu corpo.

Algumas teorias dizem que cada 17 segundos de visualização intensa, com detalhes e também gerando emoções e sensações, podem aumentar o poder da Lei da Atração de forma exponencial.

Isso significa que 17 segundos podem, por exemplo, aumentar em 10x a sua vibração de Ponto de Atração. Se você faz o dobro, 34 segundos, essa vibração aumenta não para 20, mas sim para 100x mais forte. Se você mantiver a imagem em sua mente, por 68 segundos, com emoções positivas e fortes, você está criando um poder de atração 10.000x mais forte do que um pensamento aleatório isolado.

Seu pensamento concentrado deve gerar emoções positivas e uma visão clara daquilo que você quer realizar com o processo. Use isso a seu favor.

"NÃO É O QUE VOCÊ FALA, É O QUE VOCÊ SENTE".
"NÃO É O QUE VOCÊ QUER, É O QUE VOCÊ SENTE."
"NÃO É O QUE VOCÊ PENSA, É O QUE VOCÊ É!"

Parte 2 - Prática.

#AgoraVai

30 dias Incríveis para mudar a sua vida.

INSTRUÇÕES BÁSICAS

Bem-vinda (o)! Esta segunda parte, será bem mais divertida do que a primeira, prometo! Sei que para alguns, a primeira parte foi provocante, desafiadora e serviu como um abre-mentes, trazendo novos pensamentos ou mesmo novas perspectivas sobre velhos pensamentos.

Quero continuar desafiando você. A primeira coisa que precisamos fazer é colocar uma DEFINIÇÃO DE OBJETIVO para estes próximos 30 dias.

Deve ser algo que você queira alcançar e que considere desafiador. Deve ser algo alcançável também (um bebê não nasce em 30 dias, por exemplo). Tenha bom senso.

Coloque um objetivo que seja um pouco maior do que o que você acredita, algo que te puxe além do que normalmente você faria ou ainda que seja um desafio maior do que o normal.

Desta maneira, mesmo que você não o realize nos próximos 30 dias, você pode perceber os efeitos das ações e comportamentos que adotaremos nos próximos dias.

Veja, nem sempre as coisas acontecem no prazo que queremos. Precisamos confiar e aceitar o Universo. Avalie e mensure o progresso que você tiver. Avalie e compare também o seu estado emocional e sua forma de encarar a vida.

Veja a coisa de forma holística. Coloque o Objetivo e avalie, durante e após os 30 dias, como a sua vida se ajustou para recebê-lo ou manifestá-lo. É bonito de observar.

A cada dia, sua prática melhorará. Após estes 30 dias, você poderá fazer um novo processo e, com mais prática, ritmo e hábito, obter resultados ainda maiores.

Escreva algo que deseja realizar durante estes próximos 30 dias, seja POSITIVO, conforme vimos nas premissas anteriores.

Você voltará a essas palavras todos os dias nesta próxima fase.

Capriche e escreva com carinho. Tem que ser algo motivador.

O que eu quero alcançar nestes próximos 30 dias é: _____
____
____
____
____
____
____
____
____
____
____
____
____
____
__________________________.

Precisaremos do seu compromisso. Precisaremos do seu empenho e esforço. Precisaremos da sua mente e dos seus pensamentos. Você será demandado por completo, corpo, mente e espírito. Teremos que chegar até a sua alma, mudar você a partir da fonte, de dentro pra fora.

Você percebe como isso é grandioso?

É muito entusiasmante se imaginar em um desafio de 30 dias focados e empenhados em conseguir algo. Só de saber que será um período com início, meio e fim, já é empolgante. Será um projeto que saberemos que trará grandes resultados.

É importante saber que as coisas têm o tempo certo de acontecerem, dependendo do que você pedir ou desejar (por exemplo, uma família, um filho, uma casa nova, etc.), elas podem não se manifestar em 30 dias. Mas você terá atingido a vibração correta. Você estará no Ponto de Atração.

Você estará no lugar certo e com o pensamento certo para que todas as coisas que você deseja possam te encontrar. Cedo ou tarde. É importante que você mantenha essa expectativa.

AO DESISTIRMOS INTERNAMENTE E MATARMOS A EXPECTATIVA, SAÍMOS DO PONTO DE ATRAÇÃO, SAÍMOS DA VIBRAÇÃO CERTA, SAÍMOS DA VIDA DESEJADA. MANTENHA A CHAMA ACESA!

A EXPECTATIVA É UMA VIBRAÇÃO ALTAMENTE MAGNÉTICA. MANTENHA-A ACESA!
Mario Meireles

Sei que existe uma cultura popular de "Não crie expectativas", mas lembre-se de que você não quer uma vida igual à da cultura popular. Do contrário, você não estaria lendo este livro. Você quer uma vida extraordinária.

Você pode, e dependendo das suas crenças até deva, manter segredo sobre este processo. Te deixará mais confortável com suas próprias expectativas.

Sabendo da importância da expectativa, é importante que comecemos nossos próximos 30 dias de muito foco, força e fé, com esse desejo ardente em nosso coração.

Sabendo disso, vamos pontuar o que faremos em nossos rituais matinais e noturnos.

Nosso ritual Matinal se constituirá de 8 passos simples. Você terá que reservar pelo menos 15 minutos para isso, ok? NO MÍNIMO. O ideal é que você se dedique ao máximo. Se você puder acordar um pouco mais cedo, coloque 30 minutos nessas práticas dobrando o tempo de cada etapa.

Lembre-se do que falamos: **pequenas mudanças causam grandes resultados no longo prazo.** Você não precisa de muito esforço, apenas de esforço consistente.

Vamos entender os passos diurnos e noturnos do nosso processo de Manifestação diário.

1 É Ativação da Fisiologia.

Começaremos os nossos dias ativando nossa fisiologia. A fisiologia ativa faz com que nosso cérebro fique desperto e aprenda mais e melhor. É fundamental que você consiga condicionar e programar seus pensamentos para trabalharem a seu favor. Você não precisará fazer igual fazemos em meus treinamentos presenciais, ou seja, não terá que pular e bater palmas com um som alto. Alguém em sua casa poderia te achar um maluco. Não queremos isso. Faremos pequenos alongamentos, sorrisos e movimentos que te colocarão no estado adequado para o passo 2.

Você pode acordar e sorrir por 1 ou 2 minutos. Ou fazer isso no banheiro, enquanto inicia sua rotina de higiene pessoal.

2 Condicionar a Mente

Com a Fisiologia adequada, é hora de trabalhar no condicionamento de nossa mente. Cuidar de nosso estado interno, no início do dia, nos dará maiores chances de que esse estado seja mantido. Quanto mais tempo nós mantivermos a vibração, melhor será nosso resultado.

Faremos esse condicionamento por meio de leituras, declarações, autossugestão, etc.

Caso você não tenha feito isso ainda, lembre-se de que agora é a hora de programar as suas declarações positivas nos alertas de seu celular.

3 Entrar em contato com o Objeto de Desejo.

É importante você entrar em contato com seu objeto de desejo todos os dias. Ver, sentir e, se possível, tocá-lo. Se você quer um carro, fazer um *test-drive* no carro sonhado, ter uma miniatura do carro em sua mesa, uma foto dele no fundo de seu celular, podem ser algumas maneiras. Você precisa criar uma referência em seu subconsciente e, ao mesmo tempo, gerar uma vibração compatível com seu desejo.

Uma maneira que é muito adequada é a visualização. Pense nisso, se você se imaginar ao lado da pessoa que gosta, em um momento romântico, imediatamente o seu corpo responde. Sua fisiologia se ajusta e você passa para esta nova vibração. O mesmo acontece se você se preocupar com algo ruim. Adrenalina e outros hormônios imediatamente passam pelo seu corpo.

Essas imagens, reforçadas diariamente, nos darão foco e

clareza. É essencial que criemos uma imagem clara de nosso objetivo.

Acessar essa imagem de maneira repetida dará ao nosso subconsciente a mensagem clara do que queremos.

Mantenha a mesma imagem, não a mude, mantenha-a bem clara. Talvez seja importante você ter uma referência visual ou mesmo por escrito.

Uma sugestão que pode te ajudar, caso você seja uma pessoa com dificuldades de manter uma imagem constante: DESENHE. Isso mesmo, faça um desenho do que você visualiza para si mesmo e este será seu guia.

Você pode também escrever a cena e reler seu texto todos os dias. Será como um script do vídeo mental que você criará.

Estaremos em contato constante com nossos objetivos. Portanto, deixe-os claros e de maneira fácil para serem acessados.

4 Delegar, Planejar e Confiar.

Esta fase simplesmente consiste em dizer para o Universo e pra Deus, em quais questões eles devem trabalhar e se empenhar em fazer acontecer. O Universo é muito competente, confie nele.

Escreva para quais projetos você quer uma ajuda (Não use a palavra Precisar) e onde o Universo pode dar alguns *insights* e abrir portas.

Peça, delegue e confie.

5 Pequena Vitória do dia.

Pare alguns minutos, pela manhã, para pensar em qual é a sua vitória desejada do dia ou, de forma análoga, ao terminar o dia, pense em qual foi a sua pequena (ou grande) vitória do dia.

Onde você se superou? Em quais áreas você foi incrível e melhorou? Teve algum progresso? Comemore silenciosamente enquanto escreve, mas reconheça os pequenos passos vencedores. A grande caminhada é feita desses pequenos progressos.

6 Leitura inspiradora

Ler, como você está fazendo neste exato minuto, exige um grau de concentração e foco, os quais são extremamente raros nos dias de hoje. O que você lê tem 100% da sua atenção. Isso é poderoso. Você deve ler mensagens inspiradoras, trechos de livros ou mesmo ler afirmações, sonhos, declarações que sejam engrandecedoras e te coloquem para cima. Às vezes, uma leitura simples de uma mensagem motivacional, pode mudar todo o seu dia. Um dia melhor é uma semana melhor. Uma semana melhor pode fazer um mês melhor e, nesta lógica, apenas uma leitura pode mudar todo o seu ano. Inspire-se de propósito. Tome doses diárias de motivação.

7 Estado de Graça | Gratidão

Ao encerrar o seu ritual é fundamental que você coloque tudo o que foi feito em uma aura de gratidão. É uma das vibrações mais altas que existem. Você pode agradecer pela oportunidade de transformar a sua vida. Você pode agradecer pela força e dedicação de ter feito todo o ritual mais um dia.

Pode agradecer pelo fato deste livro estar em suas mãos, pela cama que dorme, pela casa que tem. Agradeça o que vier em sua mente. Mais importante que o objeto de gratidão é a vibração que ela te traz.

Existem muitas coisas pelas quais ser grato e você ganhará prática no reconhecimento delas com o passar tempo. Em alguns dias, você estará um mestre na arte de agradecer e dizer ao Universo quantas coisas boas têm acontecido.

Lembre-se, gratidão sincera, ok? A vibração não mente.

8 Sair para viver o dia

É importante sair de coração aberto, alegre, sorridente e manter todos os pontos ativos: Estado, Pensamentos, Fisiologia, Fé, Permissão e Confiança.

Siga seu dia observando o GPS e as emoções que ele te trouxer. As boas são indicadores de que está na direção certa. As ruins, de que não é por aí o caminho. Esteja atento ao GPS e confie nele.

Agora, vamos lá!

É hora de começarmos.

UM LEMBRETE

Você entrará, agora, em um processo de 30 dias.

Caso você use um caderno, lembre-se de que ainda há um capítulo após os 30 dias e também um Anexo importante falando sobre Significado.

Recomendo que você os leia agora. Faça uma pequena visita a estes dois capítulos e depois volte para o desafio dos 30 dias preenchendo as páginas a seguir.

Outro aviso importante! Caso você não complete os 30 dias em sequência, volte e recomece o processo até que complete 30 dias seguidos.

O ritmo e a consistência farão a grande diferença que você tanto busca.

#AgoraVai

Dia #01 ___/___/___ #Ação

Bom dia!

Ritual Matinal

Ativando a Fisiologia — 5 primeiros minutos

- [ ] Sorriso no Espelho
- [ ] Elogie-se
- [ ] Posição de Poder
- [ ] Agradecer por 5 coisas simples

Ativando a Vibração do Ponto de Atração

- [ ] Releia o objetivo que você definiu para estes 30 dias.
- [ ] Por pelo menos 68 segundos, de olhos fechados, visualize o objetivo realizado (E apenas ele já realizado).

☐ Sinta a sensação de ele estar realizado

☐ Agradeça por tê-lo realizado.

Delegando e Permitindo

Hoje, eu vou colocar a minha atenção em:

☐ ____________________________________

☐ ____________________________________

☐ ____________________________________

Confio que o Universo está cuidando de:

☐ ______________________________________

☐ ______________________________________

☐ ______________________________________

Obs.: escreva de forma positiva, lembre-se do que falamos há algumas páginas!

Comece o dia

Complete o espaço abaixo e fale para si mesmo (se for em voz alta é melhor ainda).

Meu dia será maravilhoso porque eu ________________

__________________________.

Ritual Noturno

Importante! Desligue aparelhos eletrônicos e interferências em sua vibração (redes sociais, imagens, vídeos e fotos). Encerre as conversas e assuntos.

Lembre-se: É um momento seu! **Queremos a sua mente em paz, para colocarmos apenas as imagens que serão úteis para o que você quer.**

Ativando a fisiologia

- [ ] Sorriso de 1 minuto
- [ ] Elogie-se
- [ ] Posição de poder (opcional)
- [ ] Agradecer 5 acontecimentos do dia
- [ ] Abençoe ou Agradeça a alguém

Transmutando Reclamações em Gratidão

Aconteceu algo, hoje, que colocou sua "fé e otimismo" à prova? Se sim, descreva.

____
____
____
____.

Partindo da premissa de que isso é algo bom, qual o novo significado que você poderia dar para isso?

____
____
____
____
____
_________________.

Validação e afirmações positivas

Leia a seguinte frase:

“Eu consigo perceber que tudo o que aconteceu no dia de hoje me trouxe crescimento e me ajudará a construir a vida que eu quero para mim”.

Acredito e confio no processo. Sei que todas as coisas que acontecem neste Universo estão certas e têm um motivo, apesar de eu não as compreender.

Agradeço aos desafios que a vida me traz e agradeço pelo apoio incontestável e incondicional do Universo.

Sei que sou amado e amo a vida de volta. Meus dias só melhoram e a cada dia me sinto mais e mais feliz. O dia de hoje foi incrível e amanhã será ainda melhor.”

Programando o Subconsciente | 5 minutos finais

- [ ] Releia o seu objetivo mais uma vez.
- [ ] Visualize-o realizado em sua mente, mas apenas a cena final. Lembre-se, 68 segundos, ok?
- [ ] Sinta a sua Vibração do Ponto de Atração se expandindo.
- [ ] Agradeça por ter realizado este objetivo.

Boa noite!

Dia #02 ___/___/___ #Ação

Bom dia!

Ritual Matinal

Ativando a Fisiologia | 5 primeiros minutos

☐ Sorriso no Espelho

☐ Elogie-se

☐ Posição de Poder

☐ Agradecer por 5 coisas simples

Ativando a Vibração do Ponto de Atração

☐ Releia o objetivo que você definiu para estes 30 dias.

☐ Por pelo menos 68 segundos, de olhos fechados, visualize o objetivo realizado (E apenas ele já realizado).

☐ Sinta a sensação de ele estar realizado

☐ Agradeça por tê-lo realizado.

Delegando e Permitindo

Hoje, eu vou colocar a minha atenção em:

☐ ______________________________________

☐ ______________________________________

☐ ______________________________________

Confio que o Universo está cuidando de:

☐ ______________________________________

☐ ______________________________________

☐ ______________________________________

Obs.: escreva de forma positiva, lembre-se do que falamos há algumas páginas!

Comece o dia

Complete o espaço abaixo e fale para si mesmo (se for em voz alta é melhor ainda).

Meu dia será maravilhoso porque eu __________________

___________________________.

Ritual Noturno

Importante! Desligue aparelhos eletrônicos e interferências em sua vibração (redes sociais, imagens, vídeos e fotos). Encerre as conversas e assuntos.

Lembre-se: É um momento seu! **Queremos a sua mente em paz, para colocarmos apenas as imagens que serão úteis para o que você quer.**

Ativando a fisiologia

- [ ] Sorriso de 1 minuto
- [ ] Elogie-se
- [ ] Posição de poder (opcional)
- [ ] Agradecer 5 acontecimentos do dia
- [ ] Abençoe ou Agradeça a alguém

Transmutando Reclamações em Gratidão

Aconteceu algo, hoje, que colocou sua "fé e otimismo" à prova? Se sim, descreva.

____
____
____
____.

Partindo da premissa de que isso é algo bom, qual o novo significado que você poderia dar para isso?

____
____
____
____
____
_________________.

Validação e afirmações positivas

Leia a seguinte frase:

“Eu consigo perceber que tudo o que aconteceu no dia de hoje me trouxe crescimento e me ajudará a construir a vida que eu quero para mim”.

Acredito e confio no processo. Sei que todas as coisas que acontecem neste Universo estão certas e têm um motivo, apesar de eu não as compreender.

Agradeço aos desafios que a vida me traz e agradeço pelo apoio incontestável e incondicional do Universo.

Sei que sou amado e amo a vida de volta. Meus dias só melhoram e a cada dia me sinto mais e mais feliz. O dia de hoje foi incrível e amanhã será ainda melhor.”

Programando o Subconsciente | 5 minutos finais

- [ ] Releia o seu objetivo mais uma vez.
- [ ] Visualize-o realizado em sua mente, mas apenas a cena final. Lembre-se, 68 segundos, ok?
- [ ] Sinta a sua Vibração do Ponto de Atração se expandindo.
- [ ] Agradeça por ter realizado este objetivo.

Boa noite!

Dia #03 ___/___/___ #Ação

Bom dia!

Ritual Matinal

Ativando a Fisiologia | 5 primeiros minutos

☐ Sorriso no Espelho

☐ Elogie-se

☐ Posição de Poder

☐ Agradecer por 5 coisas simples

Ativando a Vibração do Ponto de Atração

☐ Releia o objetivo que você definiu para estes 30 dias.

☐ Por pelo menos 68 segundos, de olhos fechados, visualize o objetivo realizado (E apenas ele já realizado).

- [ ] Sinta a sensação de ele estar realizado
- [ ] Agradeça por tê-lo realizado.

Delegando e Permitindo

Hoje, eu vou colocar a minha atenção em:

- [ ] ______________________________________
- [ ] ______________________________________
- [ ] ______________________________________

Confio que o Universo está cuidando de:

- [ ] ____
- [ ] ____
- [ ] ____

Obs.: escreva de forma positiva, lembre-se do que falamos há algumas páginas!

Comece o dia

Complete o espaço abaixo e fale para si mesmo (se for em voz alta é melhor ainda).

Meu dia será maravilhoso porque eu __________________ ____________________________.

Ritual Noturno

Importante! Desligue aparelhos eletrônicos e interferências em sua vibração (redes sociais, imagens, vídeos e fotos). Encerre as conversas e assuntos.

Lembre-se: É um momento seu! **Queremos a sua mente em paz, para colocarmos apenas as imagens que serão úteis para o que você quer.**

Ativando a fisiologia

- [ ] Sorriso de 1 minuto
- [ ] Elogie-se
- [ ] Posição de poder (opcional)
- [ ] Agradecer 5 acontecimentos do dia
- [ ] Abençoe ou Agradeça a alguém

Transmutando Reclamações em Gratidão

Aconteceu algo, hoje, que colocou sua "fé e otimismo" à prova? Se sim, descreva.

____.

Partindo da premissa de que isso é algo bom, qual o novo significado que você poderia dar para isso?

____.

Validação e afirmações positivas

Leia a seguinte frase:

“Eu consigo perceber que tudo o que aconteceu no dia de hoje me trouxe crescimento e me ajudará a construir a vida que eu quero para mim”.

Acredito e confio no processo. Sei que todas as coisas que acontecem neste Universo estão certas e têm um motivo, apesar de eu não as compreender.

Agradeço aos desafios que a vida me traz e agradeço pelo apoio incontestável e incondicional do Universo.

Sei que sou amado e amo a vida de volta. Meus dias só melhoram e a cada dia me sinto mais e mais feliz. O dia de hoje foi incrível e amanhã será ainda melhor.”

Programando o Subconsciente | 5 minutos finais

- [ ] Releia o seu objetivo mais uma vez.
- [ ] Visualize-o realizado em sua mente, mas apenas a cena final. Lembre-se, 68 segundos, ok?
- [ ] Sinta a sua Vibração do Ponto de Atração se expandindo.
- [ ] Agradeça por ter realizado este objetivo.

Boa noite!

Dia #04 ___/___/___ #Ação

Bom dia!

Ritual Matinal

Ativando a Fisiologia — 5 primeiros minutos

- [ ] Sorriso no Espelho
- [ ] Elogie-se
- [ ] Posição de Poder
- [ ] Agradecer por 5 coisas simples

Ativando a Vibração do Ponto de Atração

- [ ] Releia o objetivo que você definiu para estes 30 dias.
- [ ] Por pelo menos 68 segundos, de olhos fechados, visualize o objetivo realizado (E apenas ele já realizado).

☐ Sinta a sensação de ele estar realizado

☐ Agradeça por tê-lo realizado.

Delegando e Permitindo

Hoje, eu vou colocar a minha atenção em:

☐ ____________________________________

☐ ____________________________________

☐ ____________________________________

Confio que o Universo está cuidando de:

☐ ____________________________________

☐ ____________________________________

☐ ____________________________________

Obs.: escreva de forma positiva, lembre-se do que falamos há algumas páginas!

Comece o dia

Complete o espaço abaixo e fale para si mesmo (se for em voz alta é melhor ainda).

Meu dia será maravilhoso porque eu ________________ __________________________.

Ritual Noturno

Importante! Desligue aparelhos eletrônicos e interferências em sua vibração (redes sociais, imagens, vídeos e fotos). Encerre as conversas e assuntos.

Lembre-se: <u>É um momento seu!</u> **Queremos a sua mente em paz, para colocarmos apenas as imagens que serão úteis para o que você quer.**

Ativando a fisiologia

- ☐ Sorriso de 1 minuto
- ☐ Elogie-se
- ☐ Posição de poder (opcional)
- ☐ Agradecer 5 acontecimentos do dia
- ☐ Abençoe ou Agradeça a alguém

Transmutando Reclamações em Gratidão

Aconteceu algo, hoje, que colocou sua "fé e otimismo" à prova? Se sim, descreva.

____.

Partindo da premissa de que isso é algo bom, qual o novo significado que você poderia dar para isso?

____.

Validação e afirmações positivas

Leia a seguinte frase:

"Eu consigo perceber que tudo o que aconteceu no dia de hoje me trouxe crescimento e me ajudará a construir a vida que eu quero para mim".

Acredito e confio no processo. Sei que todas as coisas que acontecem neste Universo estão certas e têm um motivo, apesar de eu não as compreender.

Agradeço aos desafios que a vida me traz e agradeço pelo apoio incontestável e incondicional do Universo.

Sei que sou amado e amo a vida de volta. Meus dias só melhoram e a cada dia me sinto mais e mais feliz. O dia de hoje foi incrível e amanhã será ainda melhor."

Programando o Subconsciente | 5 minutos finais

☐ Releia o seu objetivo mais uma vez.

☐ Visualize-o realizado em sua mente, mas apenas a cena final. Lembre-se, 68 segundos, ok?

☐ Sinta a sua Vibração do Ponto de Atração se expandindo.

☐ Agradeça por ter realizado este objetivo.

Boa noite!

Dia #05 ___/___/___ #Ação

Bom dia!

Ritual Matinal

Ativando a Fisiologia — 5 primeiros minutos

- [ ] Sorriso no Espelho
- [ ] Elogie-se
- [ ] Posição de Poder
- [ ] Agradecer por 5 coisas simples

Ativando a Vibração do Ponto de Atração

- [ ] Releia o objetivo que você definiu para estes 30 dias.

- [ ] Por pelo menos 68 segundos, de olhos fechados, visualize o objetivo realizado (E apenas ele já realizado).

☐ Sinta a sensação de ele estar realizado

☐ Agradeça por tê-lo realizado.

Delegando e Permitindo

Hoje, eu vou colocar a minha atenção em:

☐ ____________________________________

☐ ____________________________________

☐ ____________________________________

Confio que o Universo está cuidando de:

☐ ____________________________________

☐ ____________________________________

☐ ____________________________________

Obs.: escreva de forma positiva, lembre-se do que falamos há algumas páginas!

Comece o dia

Complete o espaço abaixo e fale para si mesmo (se for em voz alta é melhor ainda).

Meu dia será maravilhoso porque eu ____________________ ______________________________.

Ritual Noturno

Importante! Desligue aparelhos eletrônicos e interferências em sua vibração (redes sociais, imagens, vídeos e fotos). Encerre as conversas e assuntos.

Lembre-se: É um momento seu! **Queremos a sua mente em paz, para colocarmos apenas as imagens que serão úteis para o que você quer.**

Ativando a fisiologia

- [ ] Sorriso de 1 minuto
- [ ] Elogie-se
- [ ] Posição de poder (opcional)
- [ ] Agradecer 5 acontecimentos do dia
- [ ] Abençoe ou Agradeça a alguém

Transmutando Reclamações em Gratidão

Aconteceu algo, hoje, que colocou sua "fé e otimismo" à prova? Se sim, descreva.

____.

Partindo da premissa de que isso é algo bom, qual o novo significado que você poderia dar para isso?

____.

Validação e afirmações positivas

Leia a seguinte frase:

"Eu consigo perceber que tudo o que aconteceu no dia de hoje me trouxe crescimento e me ajudará a construir a vida que eu quero para mim".

Acredito e confio no processo. Sei que todas as coisas que acontecem neste Universo estão certas e têm um motivo, apesar de eu não as compreender.

Agradeço aos desafios que a vida me traz e agradeço pelo apoio incontestável e incondicional do Universo.

Sei que sou amado e amo a vida de volta. Meus dias só melhoram e a cada dia me sinto mais e mais feliz. O dia de hoje foi incrível e amanhã será ainda melhor."

Programando o Subconsciente | 5 minutos finais

- [ ] Releia o seu objetivo mais uma vez.
- [ ] Visualize-o realizado em sua mente, mas apenas a cena final. Lembre-se, 68 segundos, ok?
- [ ] Sinta a sua Vibração do Ponto de Atração se expandindo.
- [ ] Agradeça por ter realizado este objetivo.

Boa noite!

Dia #06 ___/___/___ #Ação

Bom dia!

Ritual Matinal

Ativando a Fisiologia | 5 primeiros minutos

- [ ] Sorriso no Espelho
- [ ] Elogie-se
- [ ] Posição de Poder
- [ ] Agradecer por 5 coisas simples

Ativando a Vibração do Ponto de Atração

- [ ] Releia o objetivo que você definiu para estes 30 dias.
- [ ] Por pelo menos 68 segundos, de olhos fechados, visualize o objetivo realizado (E apenas ele já realizado).

- [ ] Sinta a sensação de ele estar realizado
- [ ] Agradeça por tê-lo realizado.

Delegando e Permitindo

Hoje, eu vou colocar a minha atenção em:

- [ ] ______________________________
- [ ] ______________________________
- [ ] ______________________________

Confio que o Universo está cuidando de:

- [ ] ______________________________
- [ ] ______________________________
- [ ] ______________________________

Obs.: escreva de forma positiva, lembre-se do que falamos há algumas páginas!

Comece o dia

Complete o espaço abaixo e fale para si mesmo (se for em voz alta é melhor ainda).

Meu dia será maravilhoso porque eu ____________________
______________________________.

Ritual Noturno

Importante! Desligue aparelhos eletrônicos e interferências em sua vibração (redes sociais, imagens, vídeos e fotos). Encerre as conversas e assuntos.

Lembre-se: É um momento seu! **Queremos a sua mente em paz, para colocarmos apenas as imagens que serão úteis para o que você quer.**

Ativando a fisiologia

- [ ] Sorriso de 1 minuto
- [ ] Elogie-se
- [ ] Posição de poder (opcional)
- [ ] Agradecer 5 acontecimentos do dia
- [ ] Abençoe ou Agradeça a alguém

Transmutando Reclamações em Gratidão

Aconteceu algo, hoje, que colocou sua "fé e otimismo" à prova? Se sim, descreva.

____
____
____
____.

Partindo da premissa de que isso é algo bom, qual o novo significado que você poderia dar para isso?

____
____
____
____
____
_____________________.

Validação e afirmações positivas

Leia a seguinte frase:

"Eu consigo perceber que tudo o que aconteceu no dia de hoje me trouxe crescimento e me ajudará a construir a vida que eu quero para mim".

Acredito e confio no processo. Sei que todas as coisas que acontecem neste Universo estão certas e têm um motivo, apesar de eu não as compreender.

Agradeço aos desafios que a vida me traz e agradeço pelo apoio incontestável e incondicional do Universo.

Sei que sou amado e amo a vida de volta. Meus dias só melhoram e a cada dia me sinto mais e mais feliz. O dia de hoje foi incrível e amanhã será ainda melhor."

Programando o Subconsciente | **5 minutos finais**

- [ ] Releia o seu objetivo mais uma vez.
- [ ] Visualize-o realizado em sua mente, mas apenas a cena final. Lembre-se, 68 segundos, ok?
- [ ] Sinta a sua Vibração do Ponto de Atração se expandindo.
- [ ] Agradeça por ter realizado este objetivo.

Boa noite!

Dia #07 ___/___/___ #Ação

Bom dia!

Ritual Matinal

Ativando a Fisiologia — 5 primeiros minutos

- [ ] Sorriso no Espelho
- [ ] Elogie-se
- [ ] Posição de Poder
- [ ] Agradecer por 5 coisas simples

Ativando a Vibração do Ponto de Atração

- [ ] Releia o objetivo que você definiu para estes 30 dias.

- [ ] Por pelo menos 68 segundos, de olhos fechados, visualize o objetivo realizado (E apenas ele já realizado).

- [ ] Sinta a sensação de ele estar realizado
- [ ] Agradeça por tê-lo realizado.

Delegando e Permitindo

Hoje, eu vou colocar a minha atenção em:

- [ ] ____
- [ ] ____
- [ ] ____

Confio que o Universo está cuidando de:

- [ ] ____
- [ ] ____
- [ ] ____

Obs.: escreva de forma positiva, lembre-se do que falamos há algumas páginas!

Comece o dia

Complete o espaço abaixo e fale para si mesmo (se for em voz alta é melhor ainda).

Meu dia será maravilhoso porque eu __________________ ______________________________.

Ritual Noturno

Importante! Desligue aparelhos eletrônicos e interferências em sua vibração (redes sociais, imagens, vídeos e fotos). Encerre as conversas e assuntos.

Lembre-se: É um momento seu! **Queremos a sua mente em paz, para colocarmos apenas as imagens que serão úteis para o que você quer.**

Ativando a fisiologia

- [ ] Sorriso de 1 minuto
- [ ] Elogie-se
- [ ] Posição de poder (opcional)
- [ ] Agradecer 5 acontecimentos do dia
- [ ] Abençoe ou Agradeça a alguém

Transmutando Reclamações em Gratidão

Aconteceu algo, hoje, que colocou sua "fé e otimismo" à prova? Se sim, descreva.

____
____
____
____.

Partindo da premissa de que isso é algo bom, qual o novo significado que você poderia dar para isso?

____
____
____
____
____
____________________.

Validação e afirmações positivas

Leia a seguinte frase:

“Eu consigo perceber que tudo o que aconteceu no dia de hoje me trouxe crescimento e me ajudará a construir a vida que eu quero para mim”.

Acredito e confio no processo. Sei que todas as coisas que acontecem neste Universo estão certas e têm um motivo, apesar de eu não as compreender.

Agradeço aos desafios que a vida me traz e agradeço pelo apoio incontestável e incondicional do Universo.

Sei que sou amado e amo a vida de volta. Meus dias só melhoram e a cada dia me sinto mais e mais feliz. O dia de hoje foi incrível e amanhã será ainda melhor.”

Programando o Subconsciente | 5 minutos finais

☐ Releia o seu objetivo mais uma vez.

☐ Visualize-o realizado em sua mente, mas apenas a cena final. Lembre-se, 68 segundos, ok?

☐ Sinta a sua Vibração do Ponto de Atração se expandindo.

☐ Agradeça por ter realizado este objetivo.

Boa noite!

Dia #08 ___/___/___ #Ação

Bom dia!

Ritual Matinal

Ativando a Fisiologia — 5 primeiros minutos

- [ ] Sorriso no Espelho
- [ ] Elogie-se
- [ ] Posição de Poder
- [ ] Agradecer por 5 coisas simples

Ativando a Vibração do Ponto de Atração

- [ ] Releia o objetivo que você definiu para estes 30 dias.
- [ ] Por pelo menos 68 segundos, de olhos fechados, visualize o objetivo realizado (E apenas ele já realizado).

☐ Sinta a sensação de ele estar realizado

☐ Agradeça por tê-lo realizado.

Delegando e Permitindo

Hoje, eu vou colocar a minha atenção em:

☐ ____________________________________

☐ ____________________________________

☐ ____________________________________

Confio que o Universo está cuidando de:

☐ ____________________________________

☐ ____________________________________

☐ ____________________________________

Obs.: escreva de forma positiva, lembre-se do que falamos há algumas páginas!

Comece o dia

Complete o espaço abaixo e fale para si mesmo (se for em voz alta é melhor ainda).

Meu dia será maravilhoso porque eu ________________ __________________________.

Ritual Noturno

Importante! Desligue aparelhos eletrônicos e interferências em sua vibração (redes sociais, imagens, vídeos e fotos). Encerre as conversas e assuntos.

Lembre-se: É um momento seu! **Queremos a sua mente em paz, para colocarmos apenas as imagens que serão úteis para o que você quer.**

Ativando a fisiologia

- [ ] Sorriso de 1 minuto
- [ ] Elogie-se
- [ ] Posição de poder (opcional)
- [ ] Agradecer 5 acontecimentos do dia
- [ ] Abençoe ou Agradeça a alguém

Transmutando Reclamações em Gratidão

Aconteceu algo, hoje, que colocou sua "fé e otimismo" à prova? Se sim, descreva.

____
____
____
____.

Partindo da premissa de que isso é algo bom, qual o novo significado que você poderia dar para isso?

____
____
____
____
____
____________________.

Validação e afirmações positivas

Leia a seguinte frase:

"Eu consigo perceber que tudo o que aconteceu no dia de hoje me trouxe crescimento e me ajudará a construir a vida que eu quero para mim".

Acredito e confio no processo. Sei que todas as coisas que acontecem neste Universo estão certas e têm um motivo, apesar de eu não as compreender.

Agradeço aos desafios que a vida me traz e agradeço pelo apoio incontestável e incondicional do Universo.

Sei que sou amado e amo a vida de volta. Meus dias só melhoram e a cada dia me sinto mais e mais feliz. O dia de hoje foi incrível e amanhã será ainda melhor."

Programando o Subconsciente | 5 minutos finais

- [ ] Releia o seu objetivo mais uma vez.
- [ ] Visualize-o realizado em sua mente, mas apenas a cena final. Lembre-se, 68 segundos, ok?
- [ ] Sinta a sua Vibração do Ponto de Atração se expandindo.
- [ ] Agradeça por ter realizado este objetivo.

Boa noite!

Dia #09 ___/___/___ #Ação

Bom dia!

Ritual Matinal

Ativando a Fisiologia — 5 primeiros minutos

- [ ] Sorriso no Espelho
- [ ] Elogie-se
- [ ] Posição de Poder
- [ ] Agradecer por 5 coisas simples

Ativando a Vibração do Ponto de Atração

- [ ] Releia o objetivo que você definiu para estes 30 dias.
- [ ] Por pelo menos 68 segundos, de olhos fechados, visualize o objetivo realizado (E apenas ele já realizado).

☐ Sinta a sensação de ele estar realizado

☐ Agradeça por tê-lo realizado.

Delegando e Permitindo

Hoje, eu vou colocar a minha atenção em:

☐ ______________________________

☐ ______________________________

☐ ______________________________

Confio que o Universo está cuidando de:

☐ ______________________________

☐ ______________________________

☐ ______________________________

Obs.: escreva de forma positiva, lembre-se do que falamos há algumas páginas!

Comece o dia

Complete o espaço abaixo e fale para si mesmo (se for em voz alta é melhor ainda).

Meu dia será maravilhoso porque eu ______________________________.

Ritual Noturno

Importante! Desligue aparelhos eletrônicos e interferências em sua vibração (redes sociais, imagens, vídeos e fotos). Encerre as conversas e assuntos.

Lembre-se: É um momento seu! **Queremos a sua mente em paz, para colocarmos apenas as imagens que serão úteis para o que você quer.**

Ativando a fisiologia

- [ ] Sorriso de 1 minuto
- [ ] Elogie-se
- [ ] Posição de poder (opcional)
- [ ] Agradecer 5 acontecimentos do dia
- [ ] Abençoe ou Agradeça a alguém

Transmutando Reclamações em Gratidão

Aconteceu algo, hoje, que colocou sua “fé e otimismo” à prova? Se sim, descreva.

____.

Partindo da premissa de que isso é algo bom, qual o novo significado que você poderia dar para isso?

____.

Validação e afirmações positivas

Leia a seguinte frase:

"Eu consigo perceber que tudo o que aconteceu no dia de hoje me trouxe crescimento e me ajudará a construir a vida que eu quero para mim".

Acredito e confio no processo. Sei que todas as coisas que acontecem neste Universo estão certas e têm um motivo, apesar de eu não as compreender.

Agradeço aos desafios que a vida me traz e agradeço pelo apoio incontestável e incondicional do Universo.

Sei que sou amado e amo a vida de volta. Meus dias só melhoram e a cada dia me sinto mais e mais feliz. O dia de hoje foi incrível e amanhã será ainda melhor."

Programando o Subconsciente | 5 minutos finais

☐ Releia o seu objetivo mais uma vez.

☐ Visualize-o realizado em sua mente, mas apenas a cena final. Lembre-se, 68 segundos, ok?

☐ Sinta a sua Vibração do Ponto de Atração se expandindo.

☐ Agradeça por ter realizado este objetivo.

Boa noite!

Dia #10 ___/___/___ #Ação

Bom dia!

Ritual Matinal

Ativando a Fisiologia — 5 primeiros minutos

- [ ] Sorriso no Espelho
- [ ] Elogie-se
- [ ] Posição de Poder
- [ ] Agradecer por 5 coisas simples

Ativando a Vibração do Ponto de Atração

- [ ] Releia o objetivo que você definiu para estes 30 dias.
- [ ] Por pelo menos 68 segundos, de olhos fechados, visualize o objetivo realizado (E apenas ele já realizado).

- [ ] Sinta a sensação de ele estar realizado
- [ ] Agradeça por tê-lo realizado.

Delegando e Permitindo

Hoje, eu vou colocar a minha atenção em:

- [ ] ____
- [ ] ____
- [ ] ____

Confio que o Universo está cuidando de:

- [ ] ____
- [ ] ____
- [ ] ____

Obs.: escreva de forma positiva, lembre-se do que falamos há algumas páginas!

Comece o dia

Complete o espaço abaixo e fale para si mesmo (se for em voz alta é melhor ainda).

Meu dia será maravilhoso porque eu ____________________

______________________________.

Ritual Noturno

Importante! Desligue aparelhos eletrônicos e interferências em sua vibração (redes sociais, imagens, vídeos e fotos). Encerre as conversas e assuntos.

Lembre-se: É um momento seu! **Queremos a sua mente em paz, para colocarmos apenas as imagens que serão úteis para o que você quer.**

Ativando a fisiologia

- [ ] Sorriso de 1 minuto
- [ ] Elogie-se
- [ ] Posição de poder (opcional)
- [ ] Agradecer 5 acontecimentos do dia
- [ ] Abençoe ou Agradeça a alguém

Transmutando Reclamações em Gratidão

Aconteceu algo, hoje, que colocou sua "fé e otimismo" à prova? Se sim, descreva.

____.

Partindo da premissa de que isso é algo bom, qual o novo significado que você poderia dar para isso?

____.

Validação e afirmações positivas

Leia a seguinte frase:

“Eu consigo perceber que tudo o que aconteceu no dia de hoje me trouxe crescimento e me ajudará a construir a vida que eu quero para mim”.

Acredito e confio no processo. Sei que todas as coisas que acontecem neste Universo estão certas e têm um motivo, apesar de eu não as compreender.

Agradeço aos desafios que a vida me traz e agradeço pelo apoio incontestável e incondicional do Universo.

Sei que sou amado e amo a vida de volta. Meus dias só melhoram e a cada dia me sinto mais e mais feliz. O dia de hoje foi incrível e amanhã será ainda melhor.”

Programando o Subconsciente | 5 minutos finais

☐ Releia o seu objetivo mais uma vez.

☐ Visualize-o realizado em sua mente, mas apenas a cena final. Lembre-se, 68 segundos, ok?

☐ Sinta a sua Vibração do Ponto de Atração se expandindo.

☐ Agradeça por ter realizado este objetivo.

Boa noite!

Dia #11 ___/___/___ #Ação

Bom dia!

Ritual Matinal

Ativando a Fisiologia | 5 primeiros minutos

☐ Sorriso no Espelho

☐ Elogie-se

☐ Posição de Poder

☐ Agradecer por 5 coisas simples

Ativando a Vibração do Ponto de Atração

☐ Releia o objetivo que você definiu para estes 30 dias.

☐ Por pelo menos 68 segundos, de olhos fechados, visualize o objetivo realizado (E apenas ele já realizado).

☐ Sinta a sensação de ele estar realizado

☐ Agradeça por tê-lo realizado.

Delegando e Permitindo

Hoje, eu vou colocar a minha atenção em:

☐ ____________________________________

☐ ____________________________________

☐ ____________________________________

Confio que o Universo está cuidando de:

☐ ______________________________________

☐ ______________________________________

☐ ______________________________________

Obs.: escreva de forma positiva, lembre-se do que falamos há algumas páginas!

Comece o dia

Complete o espaço abaixo e fale para si mesmo (se for em voz alta é melhor ainda).

Meu dia será maravilhoso porque eu ________________

__________________________.

Ritual Noturno

Importante! Desligue aparelhos eletrônicos e interferências em sua vibração (redes sociais, imagens, vídeos e fotos). Encerre as conversas e assuntos.

Lembre-se: É um momento seu! **Queremos a sua mente em paz, para colocarmos apenas as imagens que serão úteis para o que você quer.**

Ativando a fisiologia

- [ ] Sorriso de 1 minuto
- [ ] Elogie-se
- [ ] Posição de poder (opcional)
- [ ] Agradecer 5 acontecimentos do dia
- [ ] Abençoe ou Agradeça a alguém

Transmutando Reclamações em Gratidão

Aconteceu algo, hoje, que colocou sua "fé e otimismo" à prova? Se sim, descreva.

____.

Partindo da premissa de que isso é algo bom, qual o novo significado que você poderia dar para isso?

____.

Validação e afirmações positivas

Leia a seguinte frase:

"Eu consigo perceber que tudo o que aconteceu no dia de hoje me trouxe crescimento e me ajudará a construir a vida que eu quero para mim".

Acredito e confio no processo. Sei que todas as coisas que acontecem neste Universo estão certas e têm um motivo, apesar de eu não as compreender.

Agradeço aos desafios que a vida me traz e agradeço pelo apoio incontestável e incondicional do Universo.

Sei que sou amado e amo a vida de volta. Meus dias só melhoram e a cada dia me sinto mais e mais feliz. O dia de hoje foi incrível e amanhã será ainda melhor."

Programando o Subconsciente | 5 minutos finais

☐ Releia o seu objetivo mais uma vez.

☐ Visualize-o realizado em sua mente, mas apenas a cena final. Lembre-se, 68 segundos, ok?

☐ Sinta a sua Vibração do Ponto de Atração se expandindo.

☐ Agradeça por ter realizado este objetivo.

Boa noite!

Dia #12 ___/___/___ #Ação

Bom dia!

Ritual Matinal

Ativando a Fisiologia — 5 primeiros minutos

- [ ] Sorriso no Espelho
- [ ] Elogie-se
- [ ] Posição de Poder
- [ ] Agradecer por 5 coisas simples

Ativando a Vibração do Ponto de Atração

- [ ] Releia o objetivo que você definiu para estes 30 dias.
- [ ] Por pelo menos 68 segundos, de olhos fechados, visualize o objetivo realizado (E apenas ele já realizado).

☐ Sinta a sensação de ele estar realizado

☐ Agradeça por tê-lo realizado.

Delegando e Permitindo

Hoje, eu vou colocar a minha atenção em:

☐ ____

☐ ____

☐ ____

Confio que o Universo está cuidando de:

☐ ____

☐ ____

☐ ____

Obs.: escreva de forma positiva, lembre-se do que falamos há algumas páginas!

Comece o dia

Complete o espaço abaixo e fale para si mesmo (se for em voz alta é melhor ainda).

Meu dia será maravilhoso porque eu ____________________
______________________________.

Ritual Noturno

Importante! Desligue aparelhos eletrônicos e interferências em sua vibração (redes sociais, imagens, vídeos e fotos). Encerre as conversas e assuntos.

Lembre-se: É um momento seu! **Queremos a sua mente em paz, para colocarmos apenas as imagens que serão úteis para o que você quer.**

Ativando a fisiologia

- [ ] Sorriso de 1 minuto
- [ ] Elogie-se
- [ ] Posição de poder (opcional)
- [ ] Agradecer 5 acontecimentos do dia
- [ ] Abençoe ou Agradeça a alguém

Transmutando Reclamações em Gratidão

Aconteceu algo, hoje, que colocou sua "fé e otimismo" à prova? Se sim, descreva.

____
____
____
____.

Partindo da premissa de que isso é algo bom, qual o novo significado que você poderia dar para isso?

____
____
____
____
____
__________________.

Validação e afirmações positivas

Leia a seguinte frase:

“Eu consigo perceber que tudo o que aconteceu no dia de hoje me trouxe crescimento e me ajudará a construir a vida que eu quero para mim”.

Acredito e confio no processo. Sei que todas as coisas que acontecem neste Universo estão certas e têm um motivo, apesar de eu não as compreender.

Agradeço aos desafios que a vida me traz e agradeço pelo apoio incontestável e incondicional do Universo.

Sei que sou amado e amo a vida de volta. Meus dias só melhoram e a cada dia me sinto mais e mais feliz. O dia de hoje foi incrível e amanhã será ainda melhor.”

Programando o Subconsciente | 5 minutos finais

- [ ] Releia o seu objetivo mais uma vez.
- [ ] Visualize-o realizado em sua mente, mas apenas a cena final. Lembre-se, 68 segundos, ok?
- [ ] Sinta a sua Vibração do Ponto de Atração se expandindo.
- [ ] Agradeça por ter realizado este objetivo.

Boa noite!

Dia #13 ___/___/___ #Ação

Bom dia!

Ritual Matinal

Ativando a Fisiologia — 5 primeiros minutos

☐ Sorriso no Espelho

☐ Elogie-se

☐ Posição de Poder

☐ Agradecer por 5 coisas simples

Ativando a Vibração do Ponto de Atração

☐ Releia o objetivo que você definiu para estes 30 dias.

☐ Por pelo menos 68 segundos, de olhos fechados, visualize o objetivo realizado (E apenas ele já realizado).

- [ ] Sinta a sensação de ele estar realizado
- [ ] Agradeça por tê-lo realizado.

Delegando e Permitindo

Hoje, eu vou colocar a minha atenção em:

- [ ] ______________________________
- [ ] ______________________________
- [ ] ______________________________

Confio que o Universo está cuidando de:

- [ ] ______________________________
- [ ] ______________________________
- [ ] ______________________________

Obs.: escreva de forma positiva, lembre-se do que falamos há algumas páginas!

Comece o dia

Complete o espaço abaixo e fale para si mesmo (se for em voz alta é melhor ainda).

Meu dia será maravilhoso porque eu ______________ ______________________.

Ritual Noturno

Importante! Desligue aparelhos eletrônicos e interferências em sua vibração (redes sociais, imagens, vídeos e fotos). Encerre as conversas e assuntos.

Lembre-se: É um momento seu! **Queremos a sua mente em paz, para colocarmos apenas as imagens que serão úteis para o que você quer.**

Ativando a fisiologia

- [ ] Sorriso de 1 minuto
- [ ] Elogie-se
- [ ] Posição de poder (opcional)
- [ ] Agradecer 5 acontecimentos do dia
- [ ] Abençoe ou Agradeça a alguém

Transmutando Reclamações em Gratidão

Aconteceu algo, hoje, que colocou sua "fé e otimismo" à prova? Se sim, descreva.

____
____
____
____.

Partindo da premissa de que isso é algo bom, qual o novo significado que você poderia dar para isso?

____
____
____
____
____
________________.

Validação e afirmações positivas

Leia a seguinte frase:

"Eu consigo perceber que tudo o que aconteceu no dia de hoje me trouxe crescimento e me ajudará a construir a vida que eu quero para mim".

Acredito e confio no processo. Sei que todas as coisas que acontecem neste Universo estão certas e têm um motivo, apesar de eu não as compreender.

Agradeço aos desafios que a vida me traz e agradeço pelo apoio incontestável e incondicional do Universo.

Sei que sou amado e amo a vida de volta. Meus dias só melhoram e a cada dia me sinto mais e mais feliz. O dia de hoje foi incrível e amanhã será ainda melhor."

Programando o Subconsciente | 5 minutos finais

☐ Releia o seu objetivo mais uma vez.

☐ Visualize-o realizado em sua mente, mas apenas a cena final. Lembre-se, 68 segundos, ok?

☐ Sinta a sua Vibração do Ponto de Atração se expandindo.

☐ Agradeça por ter realizado este objetivo.

Boa noite!

Dia #14 ___/___/___ #Ação

Bom dia!

Ritual Matinal

Ativando a Fisiologia — 5 primeiros minutos

☐ Sorriso no Espelho

☐ Elogie-se

☐ Posição de Poder

☐ Agradecer por 5 coisas simples

Ativando a Vibração do Ponto de Atração

☐ Releia o objetivo que você definiu para estes 30 dias.

☐ Por pelo menos 68 segundos, de olhos fechados, visualize o objetivo realizado (E apenas ele já realizado).

- [ ] Sinta a sensação de ele estar realizado
- [ ] Agradeça por tê-lo realizado.

Delegando e Permitindo

Hoje, eu vou colocar a minha atenção em:

- [ ] ____________________________________
- [ ] ____________________________________
- [ ] ____________________________________

Confio que o Universo está cuidando de:

- [ ] ____________________________________
- [ ] ____________________________________
- [ ] ____________________________________

Obs.: escreva de forma positiva, lembre-se do que falamos há algumas páginas!

Comece o dia

Complete o espaço abaixo e fale para si mesmo (se for em voz alta é melhor ainda).

Meu dia será maravilhoso porque eu ________________ __________________________.

Ritual Noturno

Importante! Desligue aparelhos eletrônicos e interferências em sua vibração (redes sociais, imagens, vídeos e fotos). Encerre as conversas e assuntos.

Lembre-se: <u>É um momento seu!</u> **Queremos a sua mente em paz, para colocarmos apenas as imagens que serão úteis para o que você quer.**

Ativando a fisiologia

- [ ] Sorriso de 1 minuto
- [ ] Elogie-se
- [ ] Posição de poder (opcional)
- [ ] Agradecer 5 acontecimentos do dia
- [ ] Abençoe ou Agradeça a alguém

Transmutando Reclamações em Gratidão

Aconteceu algo, hoje, que colocou sua "fé e otimismo" à prova? Se sim, descreva.

____.

Partindo da premissa de que isso é algo bom, qual o novo significado que você poderia dar para isso?

____.

Validação e afirmações positivas

Leia a seguinte frase:

“Eu consigo perceber que tudo o que aconteceu no dia de hoje me trouxe crescimento e me ajudará a construir a vida que eu quero para mim”.

Acredito e confio no processo. Sei que todas as coisas que acontecem neste Universo estão certas e têm um motivo, apesar de eu não as compreender.

Agradeço aos desafios que a vida me traz e agradeço pelo apoio incontestável e incondicional do Universo.

Sei que sou amado e amo a vida de volta. Meus dias só melhoram e a cada dia me sinto mais e mais feliz. O dia de hoje foi incrível e amanhã será ainda melhor.”

Programando o Subconsciente | 5 minutos finais

☐ Releia o seu objetivo mais uma vez.

☐ Visualize-o realizado em sua mente, mas apenas a cena final. Lembre-se, 68 segundos, ok?

☐ Sinta a sua Vibração do Ponto de Atração se expandindo.

☐ Agradeça por ter realizado este objetivo.

Boa noite!

Dia #15 ___/___/___ #Ação

Bom dia!

Ritual Matinal

Ativando a Fisiologia | 5 primeiros minutos

- [ ] Sorriso no Espelho
- [ ] Elogie-se
- [ ] Posição de Poder
- [ ] Agradecer por 5 coisas simples

Ativando a Vibração do Ponto de Atração

- [ ] Releia o objetivo que você definiu para estes 30 dias.
- [ ] Por pelo menos 68 segundos, de olhos fechados, visualize o objetivo realizado (E apenas ele já realizado).

- ☐ Sinta a sensação de ele estar realizado
- ☐ Agradeça por tê-lo realizado.

Delegando e Permitindo

Hoje, eu vou colocar a minha atenção em:

- ☐ ______________________________
- ☐ ______________________________
- ☐ ______________________________

Confio que o Universo está cuidando de:

- ☐ ______________________________
- ☐ ______________________________
- ☐ ______________________________

Obs.: escreva de forma positiva, lembre-se do que falamos há algumas páginas!

Comece o dia

Complete o espaço abaixo e fale para si mesmo (se for em voz alta é melhor ainda).

Meu dia será maravilhoso porque eu ____________________ ______________________________.

Ritual Noturno

Importante! Desligue aparelhos eletrônicos e interferências em sua vibração (redes sociais, imagens, vídeos e fotos). Encerre as conversas e assuntos.

Lembre-se: É um momento seu! **Queremos a sua mente em paz, para colocarmos apenas as imagens que serão úteis para o que você quer.**

Ativando a fisiologia

- [ ] Sorriso de 1 minuto
- [ ] Elogie-se
- [ ] Posição de poder (opcional)
- [ ] Agradecer 5 acontecimentos do dia
- [ ] Abençoe ou Agradeça a alguém

Transmutando Reclamações em Gratidão

Aconteceu algo, hoje, que colocou sua "fé e otimismo" à prova? Se sim, descreva.

____
____
____
____.

Partindo da premissa de que isso é algo bom, qual o novo significado que você poderia dar para isso?

____
____
____
____
____
____________________.

Validação e afirmações positivas

Leia a seguinte frase:

"Eu consigo perceber que tudo o que aconteceu no dia de hoje me trouxe crescimento e me ajudará a construir a vida que eu quero para mim".

Acredito e confio no processo. Sei que todas as coisas que acontecem neste Universo estão certas e têm um motivo, apesar de eu não as compreender.

Agradeço aos desafios que a vida me traz e agradeço pelo apoio incontestável e incondicional do Universo.

Sei que sou amado e amo a vida de volta. Meus dias só melhoram e a cada dia me sinto mais e mais feliz. O dia de hoje foi incrível e amanhã será ainda melhor."

Programando o Subconsciente | 5 minutos finais

- [ ] Releia o seu objetivo mais uma vez.
- [ ] Visualize-o realizado em sua mente, mas apenas a cena final. Lembre-se, 68 segundos, ok?
- [ ] Sinta a sua Vibração do Ponto de Atração se expandindo.
- [ ] Agradeça por ter realizado este objetivo.

Boa noite!

Dia #16 ___/___/___ #Ação

Bom dia!

Ritual Matinal

Ativando a Fisiologia — 5 primeiros minutos

- [ ] Sorriso no Espelho
- [ ] Elogie-se
- [ ] Posição de Poder
- [ ] Agradecer por 5 coisas simples

Ativando a Vibração do Ponto de Atração

- [ ] Releia o objetivo que você definiu para estes 30 dias.
- [ ] Por pelo menos 68 segundos, de olhos fechados, visualize o objetivo realizado (E apenas ele já realizado).

- [ ] Sinta a sensação de ele estar realizado
- [ ] Agradeça por tê-lo realizado.

Delegando e Permitindo

Hoje, eu vou colocar a minha atenção em:

- [ ] ______________________________
- [ ] ______________________________
- [ ] ______________________________

Confio que o Universo está cuidando de:

- [ ] ______________________________
- [ ] ______________________________
- [ ] ______________________________

Obs.: escreva de forma positiva, lembre-se do que falamos há algumas páginas!

Comece o dia

Complete o espaço abaixo e fale para si mesmo (se for em voz alta é melhor ainda).

Meu dia será maravilhoso porque eu ______________ ______________________.

Ritual Noturno

Importante! Desligue aparelhos eletrônicos e interferências em sua vibração (redes sociais, imagens, vídeos e fotos). Encerre as conversas e assuntos.

Lembre-se: É um momento seu! **Queremos a sua mente em paz, para colocarmos apenas as imagens que serão úteis para o que você quer.**

Ativando a fisiologia

- [ ] Sorriso de 1 minuto
- [ ] Elogie-se
- [ ] Posição de poder (opcional)
- [ ] Agradecer 5 acontecimentos do dia
- [ ] Abençoe ou Agradeça a alguém

Transmutando Reclamações em Gratidão

Aconteceu algo, hoje, que colocou sua "fé e otimismo" à prova? Se sim, descreva.

____
____
____
____.

Partindo da premissa de que isso é algo bom, qual o novo significado que você poderia dar para isso?

____
____
____
____
____
________________.

Validação e afirmações positivas

Leia a seguinte frase:

"Eu consigo perceber que tudo o que aconteceu no dia de hoje me trouxe crescimento e me ajudará a construir a vida que eu quero para mim".

Acredito e confio no processo. Sei que todas as coisas que acontecem neste Universo estão certas e têm um motivo, apesar de eu não as compreender.

Agradeço aos desafios que a vida me traz e agradeço pelo apoio incontestável e incondicional do Universo.

Sei que sou amado e amo a vida de volta. Meus dias só melhoram e a cada dia me sinto mais e mais feliz. O dia de hoje foi incrível e amanhã será ainda melhor."

Programando o Subconsciente | 5 minutos finais

- [ ] Releia o seu objetivo mais uma vez.
- [ ] Visualize-o realizado em sua mente, mas apenas a cena final. Lembre-se, 68 segundos, ok?
- [ ] Sinta a sua Vibração do Ponto de Atração se expandindo.
- [ ] Agradeça por ter realizado este objetivo.

Boa noite!

Dia #17 ___/___/___ #Ação

Bom dia!

Ritual Matinal

Ativando a Fisiologia | 5 primeiros minutos

☐ Sorriso no Espelho

☐ Elogie-se

☐ Posição de Poder

☐ Agradecer por 5 coisas simples

Ativando a Vibração do Ponto de Atração

☐ Releia o objetivo que você definiu para estes 30 dias.

☐ Por pelo menos 68 segundos, de olhos fechados, visualize o objetivo realizado (E apenas ele já realizado).

☐ Sinta a sensação de ele estar realizado

☐ Agradeça por tê-lo realizado.

Delegando e Permitindo

Hoje, eu vou colocar a minha atenção em:

☐ ______________________________

☐ ______________________________

☐ ______________________________

Confio que o Universo está cuidando de:

☐ ______________________________

☐ ______________________________

☐ ______________________________

Obs.: escreva de forma positiva, lembre-se do que falamos há algumas páginas!

Comece o dia

Complete o espaço abaixo e fale para si mesmo (se for em voz alta é melhor ainda).

Meu dia será maravilhoso porque eu ______________________ ______________________.

Ritual Noturno

Importante! Desligue aparelhos eletrônicos e interferências em sua vibração (redes sociais, imagens, vídeos e fotos). Encerre as conversas e assuntos.

Lembre-se: <u>É um momento seu!</u> **Queremos a sua mente em paz, para colocarmos apenas as imagens que serão úteis para o que você quer.**

Ativando a fisiologia

- [ ] Sorriso de 1 minuto
- [ ] Elogie-se
- [ ] Posição de poder (opcional)
- [ ] Agradecer 5 acontecimentos do dia
- [ ] Abençoe ou Agradeça a alguém

Transmutando Reclamações em Gratidão

Aconteceu algo, hoje, que colocou sua "fé e otimismo" à prova? Se sim, descreva.

____.

Partindo da premissa de que isso é algo bom, qual o novo significado que você poderia dar para isso?

____.

Validação e afirmações positivas

Leia a seguinte frase:

“Eu consigo perceber que tudo o que aconteceu no dia de hoje me trouxe crescimento e me ajudará a construir a vida que eu quero para mim”.

Acredito e confio no processo. Sei que todas as coisas que acontecem neste Universo estão certas e têm um motivo, apesar de eu não as compreender.

Agradeço aos desafios que a vida me traz e agradeço pelo apoio incontestável e incondicional do Universo.

Sei que sou amado e amo a vida de volta. Meus dias só melhoram e a cada dia me sinto mais e mais feliz. O dia de hoje foi incrível e amanhã será ainda melhor.”

Programando o Subconsciente | 5 minutos finais

☐ Releia o seu objetivo mais uma vez.

☐ Visualize-o realizado em sua mente, mas apenas a cena final. Lembre-se, 68 segundos, ok?

☐ Sinta a sua Vibração do Ponto de Atração se expandindo.

☐ Agradeça por ter realizado este objetivo.

Boa noite!

Dia #18 ___/___/___ #Ação

Bom dia!

Ritual Matinal

Ativando a Fisiologia — 5 primeiros minutos

- [ ] Sorriso no Espelho
- [ ] Elogie-se
- [ ] Posição de Poder
- [ ] Agradecer por 5 coisas simples

Ativando a Vibração do Ponto de Atração

- [ ] Releia o objetivo que você definiu para estes 30 dias.
- [ ] Por pelo menos 68 segundos, de olhos fechados, visualize o objetivo realizado (E apenas ele já realizado).

- [ ] Sinta a sensação de ele estar realizado
- [ ] Agradeça por tê-lo realizado.

Delegando e Permitindo

Hoje, eu vou colocar a minha atenção em:

- [ ] ________________________________
- [ ] ________________________________
- [ ] ________________________________

Confio que o Universo está cuidando de:

- [ ] ________________________________
- [ ] ________________________________
- [ ] ________________________________

Obs.: escreva de forma positiva, lembre-se do que falamos há algumas páginas!

Comece o dia

Complete o espaço abaixo e fale para si mesmo (se for em voz alta é melhor ainda).

Meu dia será maravilhoso porque eu ________________ ________________________.

Ritual Noturno

Importante! Desligue aparelhos eletrônicos e interferências em sua vibração (redes sociais, imagens, vídeos e fotos). Encerre as conversas e assuntos.

Lembre-se: <u>É um momento seu!</u> **Queremos a sua mente em paz, para colocarmos apenas as imagens que serão úteis para o que você quer.**

Ativando a fisiologia

- [ ] Sorriso de 1 minuto
- [ ] Elogie-se
- [ ] Posição de poder (opcional)
- [ ] Agradecer 5 acontecimentos do dia
- [ ] Abençoe ou Agradeça a alguém

Transmutando Reclamações em Gratidão

Aconteceu algo, hoje, que colocou sua "fé e otimismo" à prova? Se sim, descreva.

____.

Partindo da premissa de que isso é algo bom, qual o novo significado que você poderia dar para isso?

____.

Validação e afirmações positivas

Leia a seguinte frase:

“Eu consigo perceber que tudo o que aconteceu no dia de hoje me trouxe crescimento e me ajudará a construir a vida que eu quero para mim”.

Acredito e confio no processo. Sei que todas as coisas que acontecem neste Universo estão certas e têm um motivo, apesar de eu não as compreender.

Agradeço aos desafios que a vida me traz e agradeço pelo apoio incontestável e incondicional do Universo.

Sei que sou amado e amo a vida de volta. Meus dias só melhoram e a cada dia me sinto mais e mais feliz. O dia de hoje foi incrível e amanhã será ainda melhor.”

Programando o Subconsciente | 5 minutos finais

- [ ] Releia o seu objetivo mais uma vez.
- [ ] Visualize-o realizado em sua mente, mas apenas a cena final. Lembre-se, 68 segundos, ok?
- [ ] Sinta a sua Vibração do Ponto de Atração se expandindo.
- [ ] Agradeça por ter realizado este objetivo.

Boa noite!

Dia #19 ___/___/___ #Ação

Bom dia!

Ritual Matinal

Ativando a Fisiologia | 5 primeiros minutos

☐ Sorriso no Espelho

☐ Elogie-se

☐ Posição de Poder

☐ Agradecer por 5 coisas simples

Ativando a Vibração do Ponto de Atração

☐ Releia o objetivo que você definiu para estes 30 dias.

☐ Por pelo menos 68 segundos, de olhos fechados, visualize o objetivo realizado (E apenas ele já realizado).

- [ ] Sinta a sensação de ele estar realizado
- [ ] Agradeça por tê-lo realizado.

Delegando e Permitindo

Hoje, eu vou colocar a minha atenção em:

- [ ] ____________________________________
- [ ] ____________________________________
- [ ] ____________________________________

Confio que o Universo está cuidando de:

- [ ] ______________________________________
- [ ] ______________________________________
- [ ] ______________________________________

Obs.: escreva de forma positiva, lembre-se do que falamos há algumas páginas!

Comece o dia

Complete o espaço abaixo e fale para si mesmo (se for em voz alta é melhor ainda).

Meu dia será maravilhoso porque eu ________________ __________________________.

Ritual Noturno

Importante! Desligue aparelhos eletrônicos e interferências em sua vibração (redes sociais, imagens, vídeos e fotos). Encerre as conversas e assuntos.

Lembre-se: É um momento seu! **Queremos a sua mente em paz, para colocarmos apenas as imagens que serão úteis para o que você quer.**

Ativando a fisiologia

- [ ] Sorriso de 1 minuto
- [ ] Elogie-se
- [ ] Posição de poder (opcional)
- [ ] Agradecer 5 acontecimentos do dia
- [ ] Abençoe ou Agradeça a alguém

Transmutando Reclamações em Gratidão

Aconteceu algo, hoje, que colocou sua "fé e otimismo" à prova? Se sim, descreva.

____.

Partindo da premissa de que isso é algo bom, qual o novo significado que você poderia dar para isso?

____.

Validação e afirmações positivas

Leia a seguinte frase:

"Eu consigo perceber que tudo o que aconteceu no dia de hoje me trouxe crescimento e me ajudará a construir a vida que eu quero para mim".

Acredito e confio no processo. Sei que todas as coisas que acontecem neste Universo estão certas e têm um motivo, apesar de eu não as compreender.

Agradeço aos desafios que a vida me traz e agradeço pelo apoio incontestável e incondicional do Universo.

Sei que sou amado e amo a vida de volta. Meus dias só melhoram e a cada dia me sinto mais e mais feliz. O dia de hoje foi incrível e amanhã será ainda melhor."

Programando o Subconsciente | 5 minutos finais

☐ Releia o seu objetivo mais uma vez.

☐ Visualize-o realizado em sua mente, mas apenas a cena final. Lembre-se, 68 segundos, ok?

☐ Sinta a sua Vibração do Ponto de Atração se expandindo.

☐ Agradeça por ter realizado este objetivo.

Boa noite!

Dia #20 ___/___/___ #Ação

Bom dia!

Ritual Matinal

Ativando a Fisiologia — 5 primeiros minutos

- [ ] Sorriso no Espelho
- [ ] Elogie-se
- [ ] Posição de Poder
- [ ] Agradecer por 5 coisas simples

Ativando a Vibração do Ponto de Atração

- [ ] Releia o objetivo que você definiu para estes 30 dias.
- [ ] Por pelo menos 68 segundos, de olhos fechados, visualize o objetivo realizado (E apenas ele já realizado).

☐ Sinta a sensação de ele estar realizado

☐ Agradeça por tê-lo realizado.

Delegando e Permitindo

Hoje, eu vou colocar a minha atenção em:

☐ ______________________________

☐ ______________________________

☐ ______________________________

Confio que o Universo está cuidando de:

☐ ______________________________

☐ ______________________________

☐ ______________________________

Obs.: escreva de forma positiva, lembre-se do que falamos há algumas páginas!

Comece o dia

Complete o espaço abaixo e fale para si mesmo (se for em voz alta é melhor ainda).

Meu dia será maravilhoso porque eu ______________ ______________________.

Ritual Noturno

Importante! Desligue aparelhos eletrônicos e interferências em sua vibração (redes sociais, imagens, vídeos e fotos). Encerre as conversas e assuntos.

Lembre-se: É um momento seu! **Queremos a sua mente em paz, para colocarmos apenas as imagens que serão úteis para o que você quer.**

Ativando a fisiologia

- [ ] Sorriso de 1 minuto
- [ ] Elogie-se
- [ ] Posição de poder (opcional)
- [ ] Agradecer 5 acontecimentos do dia
- [ ] Abençoe ou Agradeça a alguém

Transmutando Reclamações em Gratidão

Aconteceu algo, hoje, que colocou sua "fé e otimismo" à prova? Se sim, descreva.

____.

Partindo da premissa de que isso é algo bom, qual o novo significado que você poderia dar para isso?

____.

Validação e afirmações positivas

Leia a seguinte frase:

"Eu consigo perceber que tudo o que aconteceu no dia de hoje me trouxe crescimento e me ajudará a construir a vida que eu quero para mim".

Acredito e confio no processo. Sei que todas as coisas que acontecem neste Universo estão certas e têm um motivo, apesar de eu não as compreender.

Agradeço aos desafios que a vida me traz e agradeço pelo apoio incontestável e incondicional do Universo.

Sei que sou amado e amo a vida de volta. Meus dias só melhoram e a cada dia me sinto mais e mais feliz. O dia de hoje foi incrível e amanhã será ainda melhor."

Programando o Subconsciente | 5 minutos finais

- [ ] Releia o seu objetivo mais uma vez.
- [ ] Visualize-o realizado em sua mente, mas apenas a cena final. Lembre-se, 68 segundos, ok?
- [ ] Sinta a sua Vibração do Ponto de Atração se expandindo.
- [ ] Agradeça por ter realizado este objetivo.

Boa noite!

Dia #21 ___/___/___ #Ação

Bom dia!

Ritual Matinal

Ativando a Fisiologia | 5 primeiros minutos

☐ Sorriso no Espelho

☐ Elogie-se

☐ Posição de Poder

☐ Agradecer por 5 coisas simples

Ativando a Vibração do Ponto de Atração

☐ Releia o objetivo que você definiu para estes 30 dias.

☐ Por pelo menos 68 segundos, de olhos fechados, visualize o objetivo realizado (E apenas ele já realizado).

☐ Sinta a sensação de ele estar realizado

☐ Agradeça por tê-lo realizado.

Delegando e Permitindo

Hoje, eu vou colocar a minha atenção em:

☐ ________________________________

☐ ________________________________

☐ ________________________________

Confio que o Universo está cuidando de:

☐ ________________________________

☐ ________________________________

☐ ________________________________

Obs.: escreva de forma positiva, lembre-se do que falamos há algumas páginas!

Comece o dia

Complete o espaço abaixo e fale para si mesmo (se for em voz alta é melhor ainda).

Meu dia será maravilhoso porque eu ________________ ________________________.

Ritual Noturno

Importante! Desligue aparelhos eletrônicos e interferências em sua vibração (redes sociais, imagens, vídeos e fotos). Encerre as conversas e assuntos.

Lembre-se: É um momento seu! **Queremos a sua mente em paz, para colocarmos apenas as imagens que serão úteis para o que você quer.**

Ativando a fisiologia

- [ ] Sorriso de 1 minuto
- [ ] Elogie-se
- [ ] Posição de poder (opcional)
- [ ] Agradecer 5 acontecimentos do dia
- [ ] Abençoe ou Agradeça a alguém

Transmutando Reclamações em Gratidão

Aconteceu algo, hoje, que colocou sua “fé e otimismo” à prova? Se sim, descreva.

____.

Partindo da premissa de que isso é algo bom, qual o novo significado que você poderia dar para isso?

____.

Validação e afirmações positivas

Leia a seguinte frase:

“Eu consigo perceber que tudo o que aconteceu no dia de hoje me trouxe crescimento e me ajudará a construir a vida que eu quero para mim”.

Acredito e confio no processo. Sei que todas as coisas que acontecem neste Universo estão certas e têm um motivo, apesar de eu não as compreender.

Agradeço aos desafios que a vida me traz e agradeço pelo apoio incontestável e incondicional do Universo.

Sei que sou amado e amo a vida de volta. Meus dias só melhoram e a cada dia me sinto mais e mais feliz. O dia de hoje foi incrível e amanhã será ainda melhor.”

Programando o Subconsciente | 5 minutos finais

- [ ] Releia o seu objetivo mais uma vez.
- [ ] Visualize-o realizado em sua mente, mas apenas a cena final. Lembre-se, 68 segundos, ok?
- [ ] Sinta a sua Vibração do Ponto de Atração se expandindo.
- [ ] Agradeça por ter realizado este objetivo.

Boa noite!

Dia #22 ___/___/___ #Ação

Bom dia!

Ritual Matinal

Ativando a Fisiologia | 5 primeiros minutos

- [ ] Sorriso no Espelho
- [ ] Elogie-se
- [ ] Posição de Poder
- [ ] Agradecer por 5 coisas simples

Ativando a Vibração do Ponto de Atração

- [ ] Releia o objetivo que você definiu para estes 30 dias.
- [ ] Por pelo menos 68 segundos, de olhos fechados, visualize o objetivo realizado (E apenas ele já realizado).

☐ Sinta a sensação de ele estar realizado

☐ Agradeça por tê-lo realizado.

Delegando e Permitindo

Hoje, eu vou colocar a minha atenção em:

☐ ____________________________________

☐ ____________________________________

☐ ____________________________________

Confio que o Universo está cuidando de:

☐ ______________________________________

☐ ______________________________________

☐ ______________________________________

Obs.: escreva de forma positiva, lembre-se do que falamos há algumas páginas!

Comece o dia

Complete o espaço abaixo e fale para si mesmo (se for em voz alta é melhor ainda).

Meu dia será maravilhoso porque eu ________________ __________________________.

Ritual Noturno

Importante! Desligue aparelhos eletrônicos e interferências em sua vibração (redes sociais, imagens, vídeos e fotos). Encerre as conversas e assuntos.

Lembre-se: É um momento seu! **Queremos a sua mente em paz, para colocarmos apenas as imagens que serão úteis para o que você quer.**

Ativando a fisiologia

- [ ] Sorriso de 1 minuto
- [ ] Elogie-se
- [ ] Posição de poder (opcional)
- [ ] Agradecer 5 acontecimentos do dia
- [ ] Abençoe ou Agradeça a alguém

Transmutando Reclamações em Gratidão

Aconteceu algo, hoje, que colocou sua "fé e otimismo" à prova? Se sim, descreva.

____
____
____
____.

Partindo da premissa de que isso é algo bom, qual o novo significado que você poderia dar para isso?

____
____
____
____
____
________________________.

Validação e afirmações positivas

Leia a seguinte frase:

“Eu consigo perceber que tudo o que aconteceu no dia de hoje me trouxe crescimento e me ajudará a construir a vida que eu quero para mim”.

Acredito e confio no processo. Sei que todas as coisas que acontecem neste Universo estão certas e têm um motivo, apesar de eu não as compreender.

Agradeço aos desafios que a vida me traz e agradeço pelo apoio incontestável e incondicional do Universo.

Sei que sou amado e amo a vida de volta. Meus dias só melhoram e a cada dia me sinto mais e mais feliz. O dia de hoje foi incrível e amanhã será ainda melhor.”

Programando o Subconsciente | 5 minutos finais

- [ ] Releia o seu objetivo mais uma vez.
- [ ] Visualize-o realizado em sua mente, mas apenas a cena final. Lembre-se, 68 segundos, ok?
- [ ] Sinta a sua Vibração do Ponto de Atração se expandindo.
- [ ] Agradeça por ter realizado este objetivo.

Boa noite!

Dia #23 ___/___/___ #Ação

Bom dia!

Ritual Matinal

Ativando a Fisiologia | 5 primeiros minutos

☐ Sorriso no Espelho

☐ Elogie-se

☐ Posição de Poder

☐ Agradecer por 5 coisas simples

Ativando a Vibração do Ponto de Atração

☐ Releia o objetivo que você definiu para estes 30 dias.

☐ Por pelo menos 68 segundos, de olhos fechados, visualize o objetivo realizado (E apenas ele já realizado).

- [ ] Sinta a sensação de ele estar realizado
- [ ] Agradeça por tê-lo realizado.

Delegando e Permitindo

Hoje, eu vou colocar a minha atenção em:

- [ ] ________________________________
- [ ] ________________________________
- [ ] ________________________________

Confio que o Universo está cuidando de:

- [ ] ________________________________
- [ ] ________________________________
- [ ] ________________________________

Obs.: escreva de forma positiva, lembre-se do que falamos há algumas páginas!

Comece o dia

Complete o espaço abaixo e fale para si mesmo (se for em voz alta é melhor ainda).

Meu dia será maravilhoso porque eu ________________ ________________________.

Ritual Noturno

Importante! Desligue aparelhos eletrônicos e interferências em sua vibração (redes sociais, imagens, vídeos e fotos). Encerre as conversas e assuntos.

Lembre-se: <u>É um momento seu!</u> **Queremos a sua mente em paz, para colocarmos apenas as imagens que serão úteis para o que você quer.**

Ativando a fisiologia

- [ ] Sorriso de 1 minuto
- [ ] Elogie-se
- [ ] Posição de poder (opcional)
- [ ] Agradecer 5 acontecimentos do dia
- [ ] Abençoe ou Agradeça a alguém

Transmutando Reclamações em Gratidão

Aconteceu algo, hoje, que colocou sua "fé e otimismo" à prova? Se sim, descreva.

____
____
____
____.

Partindo da premissa de que isso é algo bom, qual o novo significado que você poderia dar para isso?

____
____
____
____
____
______________.

Validação e afirmações positivas

Leia a seguinte frase:

"Eu consigo perceber que tudo o que aconteceu no dia de hoje me trouxe crescimento e me ajudará a construir a vida que eu quero para mim".

Acredito e confio no processo. Sei que todas as coisas que acontecem neste Universo estão certas e têm um motivo, apesar de eu não as compreender.

Agradeço aos desafios que a vida me traz e agradeço pelo apoio incontestável e incondicional do Universo.

Sei que sou amado e amo a vida de volta. Meus dias só melhoram e a cada dia me sinto mais e mais feliz. O dia de hoje foi incrível e amanhã será ainda melhor."

Programando o Subconsciente | 5 minutos finais

- [ ] Releia o seu objetivo mais uma vez.
- [ ] Visualize-o realizado em sua mente, mas apenas a cena final. Lembre-se, 68 segundos, ok?
- [ ] Sinta a sua Vibração do Ponto de Atração se expandindo.
- [ ] Agradeça por ter realizado este objetivo.

Boa noite!

Dia #24 ___/___/___ #Ação

Bom dia!

Ritual Matinal

Ativando a Fisiologia — 5 primeiros minutos

- [ ] Sorriso no Espelho
- [ ] Elogie-se
- [ ] Posição de Poder
- [ ] Agradecer por 5 coisas simples

Ativando a Vibração do Ponto de Atração

- [ ] Releia o objetivo que você definiu para estes 30 dias.
- [ ] Por pelo menos 68 segundos, de olhos fechados, visualize o objetivo realizado (E apenas ele já realizado).

☐ Sinta a sensação de ele estar realizado

☐ Agradeça por tê-lo realizado.

Delegando e Permitindo

Hoje, eu vou colocar a minha atenção em:

☐ ____

☐ ____

☐ ____

Confio que o Universo está cuidando de:

☐ ____

☐ ____

☐ ____

Obs.: escreva de forma positiva, lembre-se do que falamos há algumas páginas!

Comece o dia

Complete o espaço abaixo e fale para si mesmo (se for em voz alta é melhor ainda).

Meu dia será maravilhoso porque eu ____________________ ______________________________.

Ritual Noturno

Importante! Desligue aparelhos eletrônicos e interferências em sua vibração (redes sociais, imagens, vídeos e fotos). Encerre as conversas e assuntos.

Lembre-se: É um momento seu! **Queremos a sua mente em paz, para colocarmos apenas as imagens que serão úteis para o que você quer.**

Ativando a fisiologia

- [ ] Sorriso de 1 minuto
- [ ] Elogie-se
- [ ] Posição de poder (opcional)
- [ ] Agradecer 5 acontecimentos do dia
- [ ] Abençoe ou Agradeça a alguém

Transmutando Reclamações em Gratidão

Aconteceu algo, hoje, que colocou sua "fé e otimismo" à prova? Se sim, descreva.

____
____
____
____.

Partindo da premissa de que isso é algo bom, qual o novo significado que você poderia dar para isso?

____
____
____
____
____
____________________.

Validação e afirmações positivas

Leia a seguinte frase:

"Eu consigo perceber que tudo o que aconteceu no dia de hoje me trouxe crescimento e me ajudará a construir a vida que eu quero para mim".

Acredito e confio no processo. Sei que todas as coisas que acontecem neste Universo estão certas e têm um motivo, apesar de eu não as compreender.

Agradeço aos desafios que a vida me traz e agradeço pelo apoio incontestável e incondicional do Universo.

Sei que sou amado e amo a vida de volta. Meus dias só melhoram e a cada dia me sinto mais e mais feliz. O dia de hoje foi incrível e amanhã será ainda melhor."

Programando o Subconsciente | 5 minutos finais

- [ ] Releia o seu objetivo mais uma vez.
- [ ] Visualize-o realizado em sua mente, mas apenas a cena final. Lembre-se, 68 segundos, ok?
- [ ] Sinta a sua Vibração do Ponto de Atração se expandindo.
- [ ] Agradeça por ter realizado este objetivo.

Boa noite!

Dia #25 ___/___/___ #Ação

Bom dia!

Ritual Matinal

Ativando a Fisiologia | 5 primeiros minutos

☐ Sorriso no Espelho

☐ Elogie-se

☐ Posição de Poder

☐ Agradecer por 5 coisas simples

Ativando a Vibração do Ponto de Atração

☐ Releia o objetivo que você definiu para estes 30 dias.

☐ Por pelo menos 68 segundos, de olhos fechados, visualize o objetivo realizado (E apenas ele já realizado).

☐ Sinta a sensação de ele estar realizado

☐ Agradeça por tê-lo realizado.

Delegando e Permitindo

Hoje, eu vou colocar a minha atenção em:

☐ ____________________________________

☐ ____________________________________

☐ ____________________________________

Confio que o Universo está cuidando de:

☐ ____________________________________

☐ ____________________________________

☐ ____________________________________

Obs.: escreva de forma positiva, lembre-se do que falamos há algumas páginas!

Comece o dia

Complete o espaço abaixo e fale para si mesmo (se for em voz alta é melhor ainda).

Meu dia será maravilhoso porque eu ________________ ______________________________.

Ritual Noturno

Importante! Desligue aparelhos eletrônicos e interferências em sua vibração (redes sociais, imagens, vídeos e fotos). Encerre as conversas e assuntos.

Lembre-se: É um momento seu! **Queremos a sua mente em paz, para colocarmos apenas as imagens que serão úteis para o que você quer.**

Ativando a fisiologia

- [ ] Sorriso de 1 minuto
- [ ] Elogie-se
- [ ] Posição de poder (opcional)
- [ ] Agradecer 5 acontecimentos do dia
- [ ] Abençoe ou Agradeça a alguém

Transmutando Reclamações em Gratidão

Aconteceu algo, hoje, que colocou sua "fé e otimismo" à prova? Se sim, descreva.

____
____
____
____.

Partindo da premissa de que isso é algo bom, qual o novo significado que você poderia dar para isso?

____
____
____
____
____
_________________.

Validação e afirmações positivas

Leia a seguinte frase:

"Eu consigo perceber que tudo o que aconteceu no dia de hoje me trouxe crescimento e me ajudará a construir a vida que eu quero para mim".

Acredito e confio no processo. Sei que todas as coisas que acontecem neste Universo estão certas e têm um motivo, apesar de eu não as compreender.

Agradeço aos desafios que a vida me traz e agradeço pelo apoio incontestável e incondicional do Universo.

Sei que sou amado e amo a vida de volta. Meus dias só melhoram e a cada dia me sinto mais e mais feliz. O dia de hoje foi incrível e amanhã será ainda melhor."

Programando o Subconsciente | 5 minutos finais

☐ Releia o seu objetivo mais uma vez.

☐ Visualize-o realizado em sua mente, mas apenas a cena final. Lembre-se, 68 segundos, ok?

☐ Sinta a sua Vibração do Ponto de Atração se expandindo.

☐ Agradeça por ter realizado este objetivo.

Boa noite!

Dia #26 ___/___/___ #Ação

Bom dia!

Ritual Matinal

Ativando a Fisiologia | 5 primeiros minutos

☐ Sorriso no Espelho

☐ Elogie-se

☐ Posição de Poder

☐ Agradecer por 5 coisas simples

Ativando a Vibração do Ponto de Atração

☐ Releia o objetivo que você definiu para estes 30 dias.

☐ Por pelo menos 68 segundos, de olhos fechados, visualize o objetivo realizado (E apenas ele já realizado).

☐ Sinta a sensação de ele estar realizado

☐ Agradeça por tê-lo realizado.

Delegando e Permitindo

Hoje, eu vou colocar a minha atenção em:

☐ ______________________________

☐ ______________________________

☐ ______________________________

Confio que o Universo está cuidando de:

☐ ______________________________

☐ ______________________________

☐ ______________________________

Obs.: escreva de forma positiva, lembre-se do que falamos há algumas páginas!

Comece o dia

Complete o espaço abaixo e fale para si mesmo (se for em voz alta é melhor ainda).

Meu dia será maravilhoso porque eu ______________ ______________________.

Ritual Noturno

Importante! Desligue aparelhos eletrônicos e interferências em sua vibração (redes sociais, imagens, vídeos e fotos). Encerre as conversas e assuntos.

Lembre-se: <u>É um momento seu!</u> **Queremos a sua mente em paz, para colocarmos apenas as imagens que serão úteis para o que você quer.**

Ativando a fisiologia

- ☐ Sorriso de 1 minuto
- ☐ Elogie-se
- ☐ Posição de poder (opcional)
- ☐ Agradecer 5 acontecimentos do dia
- ☐ Abençoe ou Agradeça a alguém

Transmutando Reclamações em Gratidão

Aconteceu algo, hoje, que colocou sua "fé e otimismo" à prova? Se sim, descreva.

____
____
____
____.

Partindo da premissa de que isso é algo bom, qual o novo significado que você poderia dar para isso?

____
____
____
____
____
____________________.

Validação e afirmações positivas

Leia a seguinte frase:

"Eu consigo perceber que tudo o que aconteceu no dia de hoje me trouxe crescimento e me ajudará a construir a vida que eu quero para mim".

Acredito e confio no processo. Sei que todas as coisas que acontecem neste Universo estão certas e têm um motivo, apesar de eu não as compreender.

Agradeço aos desafios que a vida me traz e agradeço pelo apoio incontestável e incondicional do Universo.

Sei que sou amado e amo a vida de volta. Meus dias só melhoram e a cada dia me sinto mais e mais feliz. O dia de hoje foi incrível e amanhã será ainda melhor."

Programando o Subconsciente | 5 minutos finais

☐ Releia o seu objetivo mais uma vez.

☐ Visualize-o realizado em sua mente, mas apenas a cena final. Lembre-se, 68 segundos, ok?

☐ Sinta a sua Vibração do Ponto de Atração se expandindo.

☐ Agradeça por ter realizado este objetivo.

Boa noite!

Dia #27 ___/___/___ #Ação

Bom dia!

Ritual Matinal

Ativando a Fisiologia | 5 primeiros minutos

☐ Sorriso no Espelho

☐ Elogie-se

☐ Posição de Poder

☐ Agradecer por 5 coisas simples

Ativando a Vibração do Ponto de Atração

☐ Releia o objetivo que você definiu para estes 30 dias.

☐ Por pelo menos 68 segundos, de olhos fechados, visualize o objetivo realizado (E apenas ele já realizado).

- [ ] Sinta a sensação de ele estar realizado
- [ ] Agradeça por tê-lo realizado.

Delegando e Permitindo

Hoje, eu vou colocar a minha atenção em:

- [ ] ________________________________
- [ ] ________________________________
- [ ] ________________________________

Confio que o Universo está cuidando de:

- [ ] ________________________________
- [ ] ________________________________
- [ ] ________________________________

Obs.: escreva de forma positiva, lembre-se do que falamos há algumas páginas!

Comece o dia

Complete o espaço abaixo e fale para si mesmo (se for em voz alta é melhor ainda).

Meu dia será maravilhoso porque eu ________________

________________________.

Ritual Noturno

Importante! Desligue aparelhos eletrônicos e interferências em sua vibração (redes sociais, imagens, vídeos e fotos). Encerre as conversas e assuntos.

Lembre-se: É um momento seu! **Queremos a sua mente em paz, para colocarmos apenas as imagens que serão úteis para o que você quer.**

Ativando a fisiologia

- [ ] Sorriso de 1 minuto
- [ ] Elogie-se
- [ ] Posição de poder (opcional)
- [ ] Agradecer 5 acontecimentos do dia
- [ ] Abençoe ou Agradeça a alguém

Transmutando Reclamações em Gratidão

Aconteceu algo, hoje, que colocou sua "fé e otimismo" à prova? Se sim, descreva.

____
____
____
____.

Partindo da premissa de que isso é algo bom, qual o novo significado que você poderia dar para isso?

____
____
____
____
____
____________________.

Validação e afirmações positivas

Leia a seguinte frase:

"Eu consigo perceber que tudo o que aconteceu no dia de hoje me trouxe crescimento e me ajudará a construir a vida que eu quero para mim".

Acredito e confio no processo. Sei que todas as coisas que acontecem neste Universo estão certas e têm um motivo, apesar de eu não as compreender.

Agradeço aos desafios que a vida me traz e agradeço pelo apoio incontestável e incondicional do Universo.

Sei que sou amado e amo a vida de volta. Meus dias só melhoram e a cada dia me sinto mais e mais feliz. O dia de hoje foi incrível e amanhã será ainda melhor."

Programando o Subconsciente | 5 minutos finais

- [ ] Releia o seu objetivo mais uma vez.
- [ ] Visualize-o realizado em sua mente, mas apenas a cena final. Lembre-se, 68 segundos, ok?
- [ ] Sinta a sua Vibração do Ponto de Atração se expandindo.
- [ ] Agradeça por ter realizado este objetivo.

Boa noite!

Dia #28 ___/___/___ #Ação

Bom dia!

Ritual Matinal

Ativando a Fisiologia | 5 primeiros minutos

- [ ] Sorriso no Espelho
- [ ] Elogie-se
- [ ] Posição de Poder
- [ ] Agradecer por 5 coisas simples

Ativando a Vibração do Ponto de Atração

- [ ] Releia o objetivo que você definiu para estes 30 dias.
- [ ] Por pelo menos 68 segundos, de olhos fechados, visualize o objetivo realizado (E apenas ele já realizado).

☐ Sinta a sensação de ele estar realizado

☐ Agradeça por tê-lo realizado.

Delegando e Permitindo

Hoje, eu vou colocar a minha atenção em:

☐ ________________________________

☐ ________________________________

☐ ________________________________

Confio que o Universo está cuidando de:

☐ ________________________________

☐ ________________________________

☐ ________________________________

Obs.: escreva de forma positiva, lembre-se do que falamos há algumas páginas!

Comece o dia

Complete o espaço abaixo e fale para si mesmo (se for em voz alta é melhor ainda).

Meu dia será maravilhoso porque eu ________________ ________________________.

Ritual Noturno

Importante! Desligue aparelhos eletrônicos e interferências em sua vibração (redes sociais, imagens, vídeos e fotos). Encerre as conversas e assuntos.

Lembre-se: É um momento seu! **Queremos a sua mente em paz, para colocarmos apenas as imagens que serão úteis para o que você quer.**

Ativando a fisiologia

- [ ] Sorriso de 1 minuto
- [ ] Elogie-se
- [ ] Posição de poder (opcional)
- [ ] Agradecer 5 acontecimentos do dia
- [ ] Abençoe ou Agradeça a alguém

Transmutando Reclamações em Gratidão

Aconteceu algo, hoje, que colocou sua "fé e otimismo" à prova? Se sim, descreva.

____.

Partindo da premissa de que isso é algo bom, qual o novo significado que você poderia dar para isso?

____.

Validação e afirmações positivas

Leia a seguinte frase:

“Eu consigo perceber que tudo o que aconteceu no dia de hoje me trouxe crescimento e me ajudará a construir a vida que eu quero para mim”.

Acredito e confio no processo. Sei que todas as coisas que acontecem neste Universo estão certas e têm um motivo, apesar de eu não as compreender.

Agradeço aos desafios que a vida me traz e agradeço pelo apoio incontestável e incondicional do Universo.

Sei que sou amado e amo a vida de volta. Meus dias só melhoram e a cada dia me sinto mais e mais feliz. O dia de hoje foi incrível e amanhã será ainda melhor.”

Programando o Subconsciente | 5 minutos finais

- [ ] Releia o seu objetivo mais uma vez.
- [ ] Visualize-o realizado em sua mente, mas apenas a cena final. Lembre-se, 68 segundos, ok?
- [ ] Sinta a sua Vibração do Ponto de Atração se expandindo.
- [ ] Agradeça por ter realizado este objetivo.

Boa noite!

Dia #29 ___/___/___ #Ação

Bom dia!

Ritual Matinal

Ativando a Fisiologia — 5 primeiros minutos

- [ ] Sorriso no Espelho
- [ ] Elogie-se
- [ ] Posição de Poder
- [ ] Agradecer por 5 coisas simples

Ativando a Vibração do Ponto de Atração

- [ ] Releia o objetivo que você definiu para estes 30 dias.
- [ ] Por pelo menos 68 segundos, de olhos fechados, visualize o objetivo realizado (E apenas ele já realizado).

- [ ] Sinta a sensação de ele estar realizado
- [ ] Agradeça por tê-lo realizado.

Delegando e Permitindo

Hoje, eu vou colocar a minha atenção em:

- [ ] ______________________________
- [ ] ______________________________
- [ ] ______________________________

Confio que o Universo está cuidando de:

- [ ] ________________________________
- [ ] ________________________________
- [ ] ________________________________

Obs.: escreva de forma positiva, lembre-se do que falamos há algumas páginas!

Comece o dia

Complete o espaço abaixo e fale para si mesmo (se for em voz alta é melhor ainda).

Meu dia será maravilhoso porque eu ______________

______________________.

Ritual Noturno

Importante! Desligue aparelhos eletrônicos e interferências em sua vibração (redes sociais, imagens, vídeos e fotos). Encerre as conversas e assuntos.

Lembre-se: É um momento seu! **Queremos a sua mente em paz, para colocarmos apenas as imagens que serão úteis para o que você quer.**

Ativando a fisiologia

- [ ] Sorriso de 1 minuto
- [ ] Elogie-se
- [ ] Posição de poder (opcional)
- [ ] Agradecer 5 acontecimentos do dia
- [ ] Abençoe ou Agradeça a alguém

Transmutando Reclamações em Gratidão

Aconteceu algo, hoje, que colocou sua "fé e otimismo" à prova? Se sim, descreva.

____
____
____
____.

Partindo da premissa de que isso é algo bom, qual o novo significado que você poderia dar para isso?

____
____
____
____
____
_________________.

Validação e afirmações positivas

Leia a seguinte frase:

"Eu consigo perceber que tudo o que aconteceu no dia de hoje me trouxe crescimento e me ajudará a construir a vida que eu quero para mim".

Acredito e confio no processo. Sei que todas as coisas que acontecem neste Universo estão certas e têm um motivo, apesar de eu não as compreender.

Agradeço aos desafios que a vida me traz e agradeço pelo apoio incontestável e incondicional do Universo.

Sei que sou amado e amo a vida de volta. Meus dias só melhoram e a cada dia me sinto mais e mais feliz. O dia de hoje foi incrível e amanhã será ainda melhor."

Programando o Subconsciente | 5 minutos finais

☐ Releia o seu objetivo mais uma vez.

☐ Visualize-o realizado em sua mente, mas apenas a cena final. Lembre-se, 68 segundos, ok?

☐ Sinta a sua Vibração do Ponto de Atração se expandindo.

☐ Agradeça por ter realizado este objetivo.

Boa noite!

Dia #30 ___/___/___ #Ação

Bom dia!

Ritual Matinal

Ativando a Fisiologia | 5 primeiros minutos

- [ ] Sorriso no Espelho
- [ ] Elogie-se
- [ ] Posição de Poder
- [ ] Agradecer por 5 coisas simples

Ativando a Vibração do Ponto de Atração

- [ ] Releia o objetivo que você definiu para estes 30 dias.
- [ ] Por pelo menos 68 segundos, de olhos fechados, visualize o objetivo realizado (E apenas ele já realizado).

- [ ] Sinta a sensação de ele estar realizado
- [ ] Agradeça por tê-lo realizado.

Delegando e Permitindo

Hoje, eu vou colocar a minha atenção em:

- [ ] ____
- [ ] ____
- [ ] ____

Confio que o Universo está cuidando de:

- [ ] ____
- [ ] ____
- [ ] ____

Obs.: escreva de forma positiva, lembre-se do que falamos há algumas páginas!

Comece o dia

Complete o espaço abaixo e fale para si mesmo (se for em voz alta é melhor ainda).

Meu dia será maravilhoso porque eu ____________________ ______________________________.

Ritual Noturno

Importante! Desligue aparelhos eletrônicos e interferências em sua vibração (redes sociais, imagens, vídeos e fotos). Encerre as conversas e assuntos.

Lembre-se: É um momento seu! **Queremos a sua mente em paz, para colocarmos apenas as imagens que serão úteis para o que você quer.**

Ativando a fisiologia

- [ ] Sorriso de 1 minuto
- [ ] Elogie-se
- [ ] Posição de poder (opcional)
- [ ] Agradecer 5 acontecimentos do dia
- [ ] Abençoe ou Agradeça a alguém

Transmutando Reclamações em Gratidão

Aconteceu algo, hoje, que colocou sua “fé e otimismo” à prova? Se sim, descreva.

____
____
____
____.

Partindo da premissa de que isso é algo bom, qual o novo significado que você poderia dar para isso?

____
____
____
____
____
________________.

Validação e afirmações positivas

Leia a seguinte frase:

"Eu consigo perceber que tudo o que aconteceu no dia de hoje me trouxe crescimento e me ajudará a construir a vida que eu quero para mim".

Acredito e confio no processo. Sei que todas as coisas que acontecem neste Universo estão certas e têm um motivo, apesar de eu não as compreender.

Agradeço aos desafios que a vida me traz e agradeço pelo apoio incontestável e incondicional do Universo.

Sei que sou amado e amo a vida de volta. Meus dias só melhoram e a cada dia me sinto mais e mais feliz. O dia de hoje foi incrível e amanhã será ainda melhor."

Programando o Subconsciente | 5 minutos finais

☐ Releia o seu objetivo mais uma vez.

☐ Visualize-o realizado em sua mente, mas apenas a cena final. Lembre-se, 68 segundos, ok?

☐ Sinta a sua Vibração do Ponto de Atração se expandindo.

☐ Agradeça por ter realizado este objetivo.

Boa noite!

APÓS OS 30 DIAS

Você chegou até aqui. Pode ser que tenha se perdido em algum momento e deixado passar alguns rituais. Não há problemas, não se culpe ou se puna por isso. Romper nossos padrões e buscar a excelência é um desafio.

Mas não desista!

Insista na mudança e insista em você. Eu acredito que podemos criar a vida que desejamos. Algumas mudanças, claro, tomam um pouco mais de tempo.

O objetivo neste primeiro momento é te colocar na direção correta. Você pode, agora, com mais experiência no processo, voltar algumas páginas e definir uma nova meta, um novo progresso, um novo avanço.

Desta forma, pode aplicar o processo de 30 dias novamente e continuar seu desenvolvimento pessoal.

Acredito que este seja o melhor movimento que você pode fazer agora: decidir continuar por mais 30 dias.

Novos 30 dias! Melhores, mais fortes e mais focados.

Você pode, e deve, passar este livro e esta ideia para mais pessoas. Lembre-se de que quanto mais pessoas envolvidas em torno de uma mesma ideia, mais forte a ideia se torna e mais apoio as pessoas têm para alcançarem.

No final, mais pessoas se apoiando reforça a crença de que é possível e de que a mudança vale a pena. Portanto, a sua história de sucesso, neste momento, é vital para que seus familiares e amigos possam também se inspirar.

Eu, particularmente, terei o maior prazer em compartilhar seus resultados se você assim o permitir. Conecte-se comigo.

Deixo aqui as redes sociais, site e todas as formas de você compartilhar seus resultados.

Existe um instagram oficial para este livro: @livro_manifestacao. Por lá, você pode se conectar com nosso time e ver também outros casos de vitória pessoal.

É, sem dúvidas, um grande apoio para os futuros leitores.

Você pode, também, participar de algum evento, palestra ou seminário comigo. Estarei esperando ansiosamente.

Torço para que sejam novos 30 dias de muito sucesso e que eles se repitam e virem 300 dias, 3000 dias ou até mais!

Este é o desejo que tenho em meu coração.

Esta é a minha gratidão de poder fazer parte de sua vida.

Esta é a hora em que nos tornamos amigos e irmãos em propósito e para sempre.

Um abraço,

Nos Vemos No Topo,

Mario

SIGNIFICADO. ESTE É O SEGREDO!

Este capítulo, transcrito do Livro LifeCoaching vol.1 – Equilibrando as 7 áreas fundamentais da vida, tem um valor gigantesco para mim. A lição colocada nele irá, caso você aceite-a, transformar a sua vida e a forma como você encara o seu passado.

Colocá-lo aqui foi algo estratégico, talvez este seja o maior ensinamento que o livro carregue e, com certeza absoluta, após terminá-lo algumas coisas na sua vida terão mudado para sempre.

Vou começar com uma afirmação poderosa: **Você pode mudar todo o seu passado.** Que tal essa promessa?

Deixe-me dar um exemplo. Talvez as mulheres se identifiquem mais com ele, mas os homens também entenderão.

Imagine que você tenha sido convidada para um jantar. O rapaz é interessante e você decide investir na sua produção, cabelo, maquiagem, depilação, roupas novas e milhões de cremes perfumados. Não podemos esquecer, claro, do sapato novo.

O horário combinado é 21h00 e você começou a se preparar às 16h00. Ansiedade e empolgação se misturam. Você está deslumbrante, linda e se sente a mulher mais bonita do Universo. 20h30 você já está pronta e esperando. 21h00 e nada. Ansiedade aumentando. 21h30 e nenhum sinal, nem mensagem de texto nem telefonema.

Às 22h30 você percebe que tomou um bolo do rapaz. A frustração é enorme! Você nem sabe como vai responder quando ele te ligar, se é que você vai atender. **Pense nesta situação, como você se sentiria tomando um bolo?**

Alguns já passaram por isso, eu inclusive.

O fato foi: *"Tomei um bolo"*. Decorrente disso você pode começar a fazer declarações do tipo: *"Nunca mais me arrumo tanto para outro homem"*, *"Estas coisas sempre acontecem comigo"*, *"Homem não vale nada"*, *"A próxima vez eu não vou me arrumar tanto"*, etc...

Afirmações que são destrutivas e sinalizam que você ficou traumatizada. Os traumas nascem de situações assim, situações com uma carga emocional muito grande envolvida.

As informações carregadas com emoções ficam gravadas até que outras, com uma carga emocional maior, substituam-nas.

Você, assim como todos nós, deve ter muitas situações nas quais frustrações deixaram-no mais rígido e talvez mais cético. Quebrar este padrão é fundamental. O Coach deve ter esta habilidade de conseguir romper estes bloqueios no seu inconsciente de forma criativa. Esta história é uma das maneiras de fazer você reconsiderar algumas crenças.

Continuando a história, imagine que lá pelas 2h00 da manhã - você já está dormindo em sua cama, maquiagem borrada de lágrimas - e o telefone toca. É o rapaz. Você atende gritando de raiva, vociferando terrores e ele simplesmente responde: *"Linda, eu estava a caminho da sua casa para te buscar, sofri um acidente grave, fiquei desacordado e só acordei agora. Eu estava louco para falar com você"*.

E agora? Como você se sente? MUDOU TUDO, não é mesmo?

Os fatos não mudaram, você continuou tomando o bolo, porém, uma nova forma de olhar os eventos do passado, com mais informação e maturidade, a fizeram aliviar toda a carga emocional.

Sinceramente, é possível que no próximo encontro, mesmo apreensiva, você se arrume ainda mais, se produza muito mais e se entregue ainda mais para que seja uma noite realmente especial.

Um novo entendimento, mais ampliado, sobre nosso passado pode mudar COMPLETAMENTE o nosso futuro ao alterar as nossas crenças e eliminar nossos bloqueios.

O quão libertadora e poderosa é esta afirmação?

Dentro das minhas leituras e estudos, pude perceber que as religiões e tradições antigas têm uma ênfase muito forte no PERDÃO. Acredito que o perdão, sob a ótica da psicologia, trata-se de um processo de ressignificação.

Olhar para o passado e perdoar, alguém ou algum acontecimento, é fazer exatamente isso: mudar o significado que você atribui àquele evento.

Apliquei isso em minha vida pessoal. Conheci meu pai aos 19 anos e, como vocês podem imaginar, minhas emoções não eram boas com relação a ele ou quando o assunto era paternidade.

A minha maturidade, após me tornar pai, me fez olhar para trás e ressignificar a minha ausência de pai. A relação tão próxima e rica em cumplicidade que tenho com minha mãe, o amor que tenho em passar tempo com meu filho, a minha personalidade, enfim, tudo, seria diferente se eu tivesse tido um pai.

Aprendi a olhar para trás e agradecer por ter sido deste jeito a minha vida. Este é o verdadeiro perdão.

"OLHAR PARA TRÁS E CONSEGUIR AGRADECER O ACONTECIDO É A MAIOR PROVA DE PERDÃO"

Entender que tudo traz crescimento e aprendizado. Ressignificar os eventos desta maneira te liberta e permite criar um novo futuro.

Agora pegue papel e caneta e responda a seguinte pergunta:

Quais questões que você tem mal resolvidas em seu passado?

Pense e faça uma pequena lista. Demissões, brigas, palavras ditas, palavras escutadas, pessoas que você machucou ou pessoas que te machucaram.

Faça uma lista com todas elas. Está aí o peso morto que você insiste em continuar carregando.

Após fazer esta pequena lista, preferivelmente no papel, coloque ao lado de cada evento como você poderia ressignificá-los para tornarem acontecimentos poderosos em sua vida?

Escreva o que você aprendeu, com amor e sem rancor. Quais lições estes eventos trouxeram à sua evolução?

Por mais difícil que seja, encontre estes aspectos positivos.

Faça isso com todos eles.

Depois feche os olhos e agradeça pelo novo significado. Todas as vezes que você olhar para aquela cena ela não te assombrará mais, você já não vê mais um fantasma e sim um lençol velho voando.

Pode rir. Pode se soltar. Pode deixar ir.

Você é livre agora. Ame com toda a alma.

É isso!

Obrigado por ficar até aqui.

Cumprimos o nosso propósito.

Viva com paixão.

Nos vemos no topo.

Mario Henrique Meireles

Outras Publicações do ILC

Título: À Prova de Crise – Um guia de *Coaching* para o empoderamento pessoal e profissional (2016)

Tema: *Coaching* de Carreira e Profissional

Sinopse: À PROVA DE CRISE é um livro que transformará a sua carreira. Embasado nas técnicas e conhecimentos do Coaching Profissional, seus autores agregam influências da psicologia positiva e do Life Coaching, ampliando, assim, o olhar sobre o que realmente torna um profissional em alguém indispensável para a sua organização.

Título: LIFE COACHING – Equilibrando as 7 áreas fundamentais da vida. (2015)

Tema: Coaching Pessoal, Felicidade e Bem-estar.

Sinopse: Sua vida já esteve uma bagunça tão grande que você não soube por onde começar a arrumar a casa? Então este livro é perfeito para você. Ele foi pensado para as pessoas que estão tendo seu primeiro contato com o Coaching de Vida (Life Coaching) ou já tiveram algum contato, mas não atingiram seus resultados.

Outras Publicações do ILC

Título: LIFE COACHING Vol. 2 – Ansiedades, medos, bloqueios e a vitória pessoal. (2016)

Tema: Coaching Pessoal, PNL, Psicologia, Ansiedade.

Sinopse: Será que você está, neste momento, assim como milhares de pessoas, querendo mudar de vida, mas alguma coisa inexplicável simplesmente está te impedindo? Então este livro é perfeito para você. Vamos entender – e eliminar – forças inconscientes que mantêm você estagnado, patinando e sem progresso na vida. Você merece uma vida feliz e plena. O grito de liberdade está próximo. É hora da vitória.

Título: LIFE COACHING Vol. 3 – Encontrando o propósito de vida. (2018)

Tema: Coaching Pessoal, Propósito de Vida, Motivação, Felicidade.

Sinopse: Este livro traz uma promessa poderosa: felicidade plena e uma vida com sentido. Para cumprir esta promessa conduziremos o leitor em uma viagem sincera para dentro de si mesmo, buscando um reencontro legítimo com seu eu original.

Você carrega dentro de si uma missão a ser distribuída durante toda a sua caminhada pela vida. Chegou a hora de encontrá-la e assumir o seu lugar.

Outras Publicações do ILC

Título: LIFE DESIGN – Como assumir o controle e criar a vida dos seus sonhos. (2019)

Tema: Coaching Pessoal, PNL, Psicologia, Ansiedade.

Sinopse: O Livro LifeDesign é a manifestação de um sonho! Imagine se conectar, e conversar, com 12 especialistas em áreas importantes da vida. Pessoas que vivem e dedicam suas vidas à ajudar outras pessoas, profissionais e até empresas, a terem resultados excepcionais em cada uma dessas áreas.

Apoiado na roda da vida, ferramenta que serve de base para todo processo de Coaching, o leitor poderá avaliar o seu momento atual, encontrar as áreas que precisam de atenção e, com o apoio do especialista daquela área, encontrar estratégias, exercícios e atividades que o fará alcançar o estado desejado para suas áreas mais desafiadoras, além de elevar sinergicamente sua performance global.

INSTITUTO
LIFE COACHING